まるごと使える
文例満載！

相手に合わせた
文章が選べる

ビジネスメール
ものの言い方 文例 辞典

シーズ 著

技術評論社

はじめに

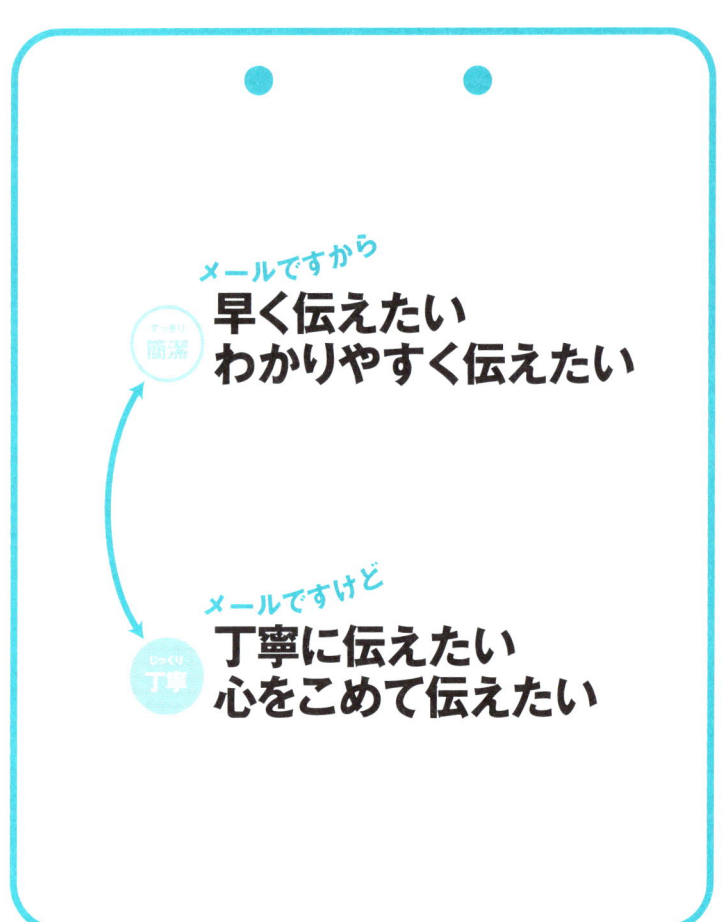

メール文書は、簡潔にわかりやすく。
用件をシンプルに伝えることが原則とされています。
とはいっても、
「こんな率直な『もの言い』は、相手に失礼では？」
と躊躇することもあるのではないでしょうか。

そこで本書は試みました。
同一テーマのメールについて、
「簡潔」と「丁寧」の二種類の文例を示すこと。
送る相手に応じて調節できるように、この二極の間で
［丁寧度］に幅を設けてみたのです。

メールの活用フィールドは日々拡大し、
かつてはメールではすまなかった「え、そんな用件までも！？」が、
メールにゆだねられてきています。

ビジネスのあんなシーン、こんなシーンで、
気心の知れたあの人、気難しげなあの方に向けて、
どんな文面で用件を伝えればよいのか？

日本語の豊かで幅広い表現を活かして、
「ちょうどよい」表現を見つける手助けとなりますように。
本書は、そんな気持ちで制作しました。

メール文書の構成と本書の構成

送信者	musashi@ooooooooo.co.jp	**A** ···· 送信者
宛先	sasaki@xxxxxxxxxxxxx.co.jp	**B** ···· 宛先
CC：	otsuu@ooooooooooo.co.jp	**C** ···· CC
BCC：		**D** ···· BCC

件名： 「●●」についてお問い合わせ　**E** ···· 件名

□△株式会社 営業部
佐々木小次郎様　　　　　　　　　**❶** ···· 宛先

○△販売株式会社 管理部　宮本です。　**❷** ···· 送信者情報

お世話になっております。
見本のご送付、ありがとうございました。　**❸** ···· 挨拶文

見本商品のなかで「●●」について、
以下お尋ねします。　　　　　　　　**❹** ···· 用件

■問い合わせ内容
　1　タグ部分へのロゴ（画像添付）追加の可能・不可能
　2　上記が可能な場合の料金
　3　9月30日　数量100　納品の可能・不可能

可能であれば、上記商品を10月3日から開催する●●展示会で
見本販売したいと考えております。

以上ご検討いただき、
来週にでもご返答いただけると幸いです。　**❻** ···· 返事の依頼

お忙しいところ恐縮ですが、よろしくお願いします。　**❼** ···· 締めの挨拶文

とり急ぎお問い合わせまで。　　　　**❽** ···· 内容を
　　　　　　　　　　　　　　　　　　　まとめて

なお、展示会の資料を郵送にてお送りしておきました。　**❾** ···· 追記
あわせてご参照ください。

○△販売株式会社 管理部
宮本 武蔵　　　　　　　　　　　　　**F** ···· 署名
tel：03-0000-0000　／　mail：musashi@xxxxx.jp

ものの言い方［文例］辞典

- **Ⓐ 送信者** ➡ 送信者のメールアドレスが表示されます。
- **Ⓑ 宛先** ➡ 受信者のメールアドレスが表示されます。
- **Ⓒ CC** ➡ 宛先以外にコピーを送るアドレスです(受信者に見える)。
- **Ⓓ BCC** ➡ 宛先以外にコピーを送るアドレスです(受信者に見えない)。
- **Ⓔ 件名** ➡ メールの件名(タイトル)です。用件を端的に表現します。

前文(↓P.184)

本文(本題)に入る前の要素 (P.184〜187)
このメールが誰から誰に宛てられた、何のためのメールであるかを知らせる、下のような各要素が入ります。

1. 宛先 ※
2. 送信者情報
3. 挨拶文 〈場合により省略〉
4. 用件 〈場合により省略〉
5. ことわり 〈必要に応じて挿入〉

※本書の文例では、スペースの都合上、全文例共通で「宛先」の記載を省略しています。本来は、すべての文例に「宛先」が入ります。

本文

メールの本題。本書では内容を14のカテゴリに分類しています

- 御礼メール
- 謝罪メール
- 説明メール
- 問合せメール
- 依頼メール
- 了解受諾メール
- 断りメール
- 送付受領メール
- 祝賀メール
- 挨拶メール
- 通知メール
- 案内メール
- 抗議催促メール
- 見舞いメール

- (付録)箇条書き・簡潔限定メール(P.196〜205)

P.14〜183
本書で紹介するメールの文例

本文(本題)の内容に応じた14カテゴリ85テーマで、それぞれ 簡潔 ・ 丁寧 の2文例(P.6〜7)を紹介

末文(↓P.188)

メールを締めくくる内容(P.188〜191)
本文をまとめた内容や追記がこの部分に入ります。

6. 返事の依頼 〈必要に応じて挿入〉
7. 締めの挨拶文 〈場合により省略〉
8. 内容をまとめて 〈場合により省略〉
9. 追記 〈必要に応じて挿入〉

- **Ⓕ 署名** ➡ 送信者の連絡先等の情報を示します。

ものの言い方[文例]辞典 5

簡潔文例 と 丁寧文例

すっきり 簡潔 文例
早く伝えたい、わかりやすく伝えたい

メールの利点をお互い理解している相手に。

進行中の仕事（取引）相手に。

メールのやりとりが頻繁な相手に。

簡潔文例とは、余分な装飾や過剰な表現を極力省き、用件を"シンプルに"伝えることを目的とした文例です。

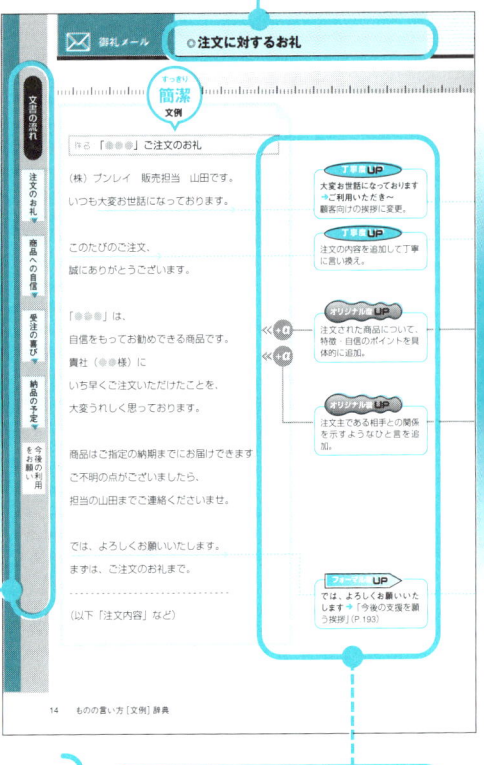

メール文例のテーマ

このテーマの文書の流れ
（背景色が白の項目は、「丁寧文例」のみにある内容です）

- **丁寧度 UP** より丁寧に丁重に。
- **フォーマル度 UP** よりかしこまった印象に。
- **インパクト UP** 言葉の意味をより強く。
- **オリジナル度 UP** 文面をカスタマイズ、自分の言葉を使った表現に。

言葉を加える（《《 +α ── ）
言い換える（ ──→ …… ）内容や方法

簡潔

丁寧に伝えたい、心をこめて伝えたい

じっくり
丁寧
文例

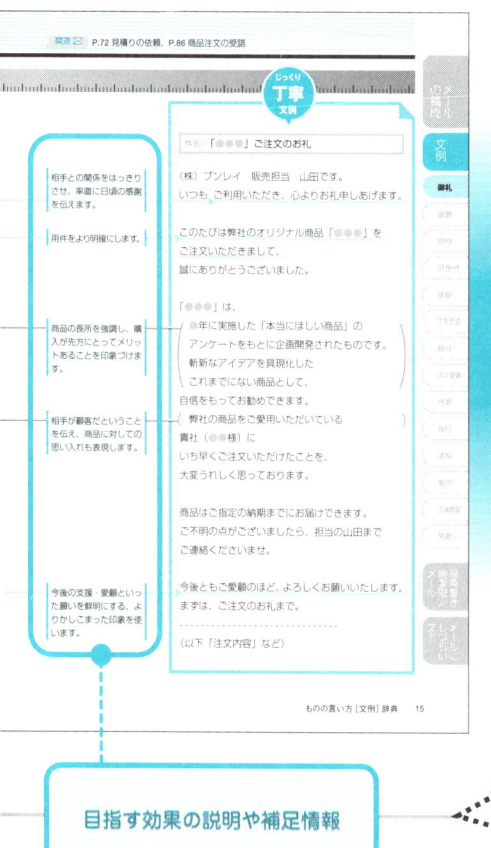

目指す効果の説明や補足情報

目上の人やお客さまなど、メール特有の"率直な"もの言いが躊躇される相手に。

初めてメールする相手に。

丁寧文例とは、簡潔文例に言葉を足したり、書状で使われる言い回しに言い換えるなどして、より"丁寧な"印象を与えるよう配慮した文例です。

必要に応じて、言葉を足したり言い換えることで、文書の［丁寧度］を徐々に上げます。

丁寧

ものの言い方［文例］辞典　7

目 次

ビジネスメール ものの言い方 [文例] 辞典

はじめに 2
メール文書の構成と本書の構成 4
簡潔文例と丁寧文例 6

[本編] 簡潔文例と丁寧文例

御礼メール　　　　　　　　　　　　　　　　　　　　14

- ✉ 注文に対するお礼 14
- ✉ 契約成立に対するお礼 16
- ✉ 資料貸し出し・送付に対するお礼 18
- ✉ お歳暮・お中元 に対するお礼 20
- ✉ 講師承諾に対するお礼 22
- ✉ 着任祝いに対するお礼 24
- ✉ 見舞い（入院）に対するお礼 26
- ✉ 災害（天災・事故）見舞いに対するお礼 28
- ✉ 送別会に対するお礼 30
- ✉ 寄付に対するお礼 32

謝罪メール　　　　　　　　　　　　　　　　　　　　34

- ✉ 納期遅延に対するお詫び 34
- ✉ 発送した商品の品違いに対するお詫び 36
- ✉ 不良品送付に対するお詫び 38
- ✉ 品切れに対するお詫び 40
- ✉ 欠席に対するお詫び 42
- ✉ 社員の不手際（接客態度・非礼）に対するお詫び 44
- ✉ 支払い遅延に対するお詫び 46

説明メール　　　　　　　　　　　　　　　　　　　　48

- ✉ 納品遅延についての弁明 48
- ✉ 商品へのクレームに対する弁明 50

8　ものの言い方 [文例] 辞典

- ✉ 荷造り不完全についての弁明 ……………………… 52
- ✉ 商品返品に対する弁明 ……………………………… 54
- ✉ 商品発売遅延についての弁明 ……………………… 56

問合せメール　　58

- ✉ イベントについての問い合わせ …………………… 58
- ✉ 商品在庫の問い合わせ ……………………………… 60
- ✉ 注文後未着の商品についての問い合わせ ………… 62
- ✉ 届いた商品の品違いについての問い合わせ ……… 64
- ✉ 取引条件についての問い合わせ …………………… 66
- ✉ 見積りの返事についての問い合わせ ……………… 68

依頼メール　　70

- ✉ 商品カタログ送付の依頼 …………………………… 70
- ✉ 見積りの依頼 ………………………………………… 72
- ✉ 商品モニターアンケートの依頼 …………………… 74
- ✉ 工場見学の依頼 ……………………………………… 76
- ✉ 協賛の依頼 …………………………………………… 78
- ✉ 講習会講師の依頼 …………………………………… 80
- ✉ 原稿執筆の依頼 ……………………………………… 82
- ✉ 納期延期の依頼 ……………………………………… 84

了解受諾メール　　86

- ✉ 商品注文の受諾 ……………………………………… 86
- ✉ 新規取引の受諾 ……………………………………… 88
- ✉ 値引き要請の受諾 …………………………………… 90
- ✉ 納期延期の受諾 ……………………………………… 92
- ✉ 講演依頼の受諾 ……………………………………… 94

断りメール　　96

- ✉ 注文を断る …………………………………………… 96
- ✉ 仕事（見積り）の依頼を断る ……………………… 98
- ✉ 値引きの依頼を断る ………………………………… 100
- ✉ 納期延期の依頼を断る ……………………………… 102

ものの言い方[文例]辞典　9

目次

✉ 新規取引の申し入れを断る ……… **104**

送付受領メール　106

- ✉ 見積り送付の連絡 ……… **106**
- ✉ 商品発送の連絡 ……… **108**
- ✉ カタログ・資料送付の連絡 ……… **110**
- ✉ お歳暮・お中元送付の連絡 ……… **112**
- ✉ 請求書送付の連絡 ……… **114**
- ✉ 送金の連絡 ……… **116**
- ✉ 商品受領（着荷）の連絡 ……… **118**

祝賀メール　120

- ✉ 役職就任（昇進）のお祝い ……… **120**
- ✉ 栄転（転任）のお祝い ……… **122**
- ✉ 独立・開業・開店のお祝い ……… **124**
- ✉ 新事務所・新支店開設のお祝い ……… **126**
- ✉ 創立記念日のお祝い ……… **128**
- ✉ 受賞のお祝い ……… **130**

挨拶メール　132

- ✉ 就職の挨拶 ……… **132**
- ✉ 転勤の挨拶 ……… **134**
- ✉ 退社（これから退社）の挨拶 ……… **136**
- ✉ 転職の挨拶 ……… **138**
- ✉ 担当者変更の挨拶 ……… **140**
- ✉ 独立開業（開店）の挨拶 ……… **142**
- ✉ 廃業・閉店の挨拶 ……… **144**
- ✉ 移転の挨拶 ……… **146**
- ✉ 社名変更の挨拶 ……… **148**

通知メール　150

- ✉ 臨時休業の通知 ……… **150**
- ✉ 製品値上げの通知 ……… **152**
- ✉ 採用内定の通知 ……… **154**
- ✉ 不採用の通知 ……… **156**

案内メール 158

- 講演会（講習会）の案内 ... 158
- 忘年会の案内 ... 160
- 製品発表会の案内 ... 162
- 送別会の案内 ... 164
- 歓迎会の案内 ... 166

抗議催促メール 168

- 納入商品の数量不足に対する抗議 ... 168
- 納入商品の品違いに対する抗議 ... 170
- 納入商品の欠陥に対する抗議 ... 172
- 納期遅延に対する抗議 ... 174
- 注文取消に対する抗議 ... 176
- 支払いの催促 ... 178

見舞いメール 180

- 天災（台風・地震など）に対する見舞い ... 180
- 交通事故の見舞い ... 182

参考 ■メール文書内の特定要素 ... 184

前文に入る内容
- 宛先 ... 184
- 送信者情報 ... 185
- 挨拶文 ... 186
- 用件（簡易） ... 187
- ことわり ... 187

末文に入る内容
- 締めの挨拶文 ... 188
- 返事の依頼 ... 189
- 内容をまとめて ... 190
- 追記 ... 191

■さまざまな挨拶文 ... 192
- 日頃の感謝を表す丁寧な挨拶 ... 192
- 今後の支援を願う挨拶 ... 193
- 安否の挨拶 ... 194
- 繁栄や健康を祈る挨拶 ... 194

目次

[付録] 箇条書き・簡潔限定メール／メールにしづらい文書

箇条書き・簡潔限定メール　　　196

- 社内連絡 ― 会議の案内 …… **196**
- 社内連絡 ― サーバーメンテナンスの通知 …… **197**
- 出張報告 …… **198**
- 参加報告 …… **199**
- 業務依頼 …… **200**
- 業務提案 …… **201**
- 議事録 …… **202**
- 稟議書（伺い書） …… **203**
- 通知 ― 採用試験の通知 …… **204**
- 通知 ― 電話番号変更の通知 …… **205**

メールにしづらい文書　　　206

- 休職届 …… **206**
- 始末書 …… **207**
- 進退伺い …… **208**
- 退職届 …… **209**
- 照会状 ― 採用予定人物の照会 …… **210**
- 詫び状 ― 内定辞退の詫び状 …… **211**
- 依頼状 ― 融資（借金）の依頼 …… **212**
- 依頼状 ― 支払日延期の依頼 …… **213**
- 見舞い状 ― 病気見舞い …… **214**
- 見舞い状 ― 火事見舞い …… **215**
- 弔慰状（お悔やみ状） …… **216**
- 会葬礼状 …… **217**

索引 …… 218

本編

文例 簡潔文例と丁寧文例

ビジネスメールの文例集です。
内容は、以下14カテゴリの85テーマ。
送る相手によって使い分けられるように、
各テーマで「簡潔」な文例と
「丁寧」な文例を用意しました。

- ✉ 御礼メール ……………………………… 14
- ✉ 謝罪メール ……………………………… 34
- ✉ 説明メール ……………………………… 48
- ✉ 問合せメール …………………………… 58
- ✉ 依頼メール ……………………………… 70
- ✉ 了解受諾メール ………………………… 86
- ✉ 断りメール ……………………………… 96
- ✉ 送付受領メール ………………………… 106
- ✉ 祝賀メール ……………………………… 120
- ✉ 挨拶メール ……………………………… 132
- ✉ 通知メール ……………………………… 150
- ✉ 案内メール ……………………………… 158
- ✉ 抗議催促メール ………………………… 168
- ✉ 見舞いメール …………………………… 180

御礼メール　◎注文に対するお礼

すっきり簡潔 文例

件名：「●●●」ご注文のお礼

（株）ブンレイ　販売担当　山田です。
いつも大変お世話になっております。

このたびのご注文、
誠にありがとうございます。

「●●●」は、
自信をもってお勧めできる商品です。
貴社（●●様）に
いち早くご注文いただけたことを、
大変うれしく思っております。

商品はご指定の納期までにお届けできます。
ご不明の点がございましたら、
担当の山田までご連絡くださいませ。

では、よろしくお願いいたします。
まずは、ご注文のお礼まで。

（以下「注文内容」など）

文書の流れ
- 注文のお礼
- 商品への自信
- 受注の喜び
- 納品の予定
- 今後の利用をお願い

丁寧度 UP
大変お世話になっております
→ご利用いただき～
顧客向けの挨拶に変更。

丁寧度 UP
注文の内容を追加して丁寧に言い換え。

オリジナル度 UP《+α
注文された商品について、特徴・自信のポイントを具体的に追加。

オリジナル度 UP《+α
注文主である相手との関係を示すようなひと言を追加。

フォーマル度 UP
では、よろしくお願いいたします→「今後の支援を願う挨拶」(P.193)

関連 📧 P.72 見積りの依頼、P.86 商品注文の受諾

じっくり 丁寧 文例

件名:「●●●」ご注文のお礼

（株）ブンレイ　販売担当　山田です。
いつも ご利用いただき、心よりお礼申しあげます。

このたびは弊社のオリジナル商品「●●●」を
ご注文いただきまして、
誠にありがとうございました。

「●●●」は、
●年に実施した「本当にほしい商品」の
アンケートをもとに企画開発されたものです。
斬新なアイデアを具現化した
これまでにない商品として、
自信をもってお勧めできます。

弊社の商品をご愛用いただいている
貴社（●●様）に
いち早くご注文いただけたことを、
大変うれしく思っております。

商品はご指定の納期までにお届けできます。
ご不明の点がございましたら、担当の山田まで
ご連絡くださいませ。

今後ともご愛顧のほど、よろしくお願いいたします。
まずは、ご注文のお礼まで。

（以下「注文内容」など）

- 相手との関係をはっきりさせ、率直に日頃の感謝を伝えます。
- 用件をより明確にします。
- 商品の長所を強調し、購入が先方にとってメリットあることを印象づけます。
- 相手が顧客だということを伝え、商品に対しての思い入れも表現します。
- 今後の支援・愛顧といった願いを鮮明にする、よりかしこまった印象を使います。

ものの言い方［文例］辞典

御礼メール ◎契約成立に対するお礼

文書の流れ
- 新規契約のお礼
- 商品への自信・契約成立の喜び
- 継続的な取引のお願い
- フォロー担当窓口の紹介

件名:「●●●」新規契約のお礼

（株）ブンレイ　営業部　山田です。

お世話になっております。

> **フォーマル度 UP**
> お世話になっております →
> 「日頃の感謝を表す（丁寧な）挨拶」（P.192）を使用。

このたびは
ご契約いただきまして、
本当にありがとうございます。

> **《+α 丁寧度 UP**
> 契約の内容をひと言で追加。

「●●●」は、
弊社が自信をもってお勧めする
新サービスですが、
貴社にご利用いただけることを、
企画開発担当一同、大変喜んでおります。
末長くご利用くださいますよう
心よりお願い申しあげます。

> **《+α オリジナル度 UP**
> 新規契約した商品・サービスの内容について、自信のポイントを具体的に追加。

> **オリジナル度 UP**
> 契約を決めた相手の、見識の高さを褒めるひと言を追加。

なお、ご不明の点などございましたら、
いつでも担当の●●までお申しつけください。

メールにて恐縮ですが、とり急ぎお礼まで。

> **《+α 丁寧度 UP**
> メールでの簡易な挨拶をフォローするひと言を追加。

じっくり 丁寧 文例

件名：「●●●」新規契約のお礼

（株）ブンレイ　営業部　山田です。
平素は格別のご厚情を賜り、
心からお礼申しあげます。

このたびは
(弊社の新サービス「●●●」に)
ご契約いただきまして、
本当にありがとうございます。

「●●●」は、
簡便な管理システムと
多様なカスタマイズ機能をもつ
画期的な新サービスと自負しております。
(それだけに、鋭い選択眼をお持ちの)
貴社にご利用いただけることを
企画開発担当一同、大変喜んでおります。
末長くご利用くださいますよう
心よりお願い申しあげます。

なお、ご不明の点などございましたら、
いつでも担当の●●までお申しつけください。

(後日、改めてごあいさつに伺います。)
メールにて恐縮ですが、とり急ぎお礼まで。

- 書状の挨拶文を使い、形式に則って感謝の気持ちを表します。
- 用件、お礼の対象をより明確にします。
- 商品の利点を強調し、成約が先方にとってメリットあることを印象づけます。
- 相手をたてる一方で、商品のよさを示します。
- 本来直接会ってお礼すべきであると認識したうえでメールを出していることを表明します。
- 直接出向けない場合には、「本来であれば直接ご挨拶にうかがうべきところですが」など。

メールの構成／文例（御礼／謝辞／説明／問合せ／依頼／了解受諾／断り／送付受領／祝賀／挨拶／通知／案内／抗議催促／見舞い）／メール簡条書き簡潔限定／メールしづらい文書

ものの言い方［文例］辞典　17

御礼メール ◎資料貸し出し・送付に対するお礼

すっきり簡潔文例

件名：「●●●」仕様書ご送付のお礼

（株）ブンレイ　営業部　山田です。

お世話になっております。

先日依頼いたしました「●●●」の仕様書、

本日受け取りました。

さっそくお送りいただき、ありがとうございました。

おかげさまで

企画書の作成作業がぐんとはかどりそうです。

仕様書は、作業終了後

返却の期日内にすみやかに返却いたします。

メールにて恐縮ですが、

とり急ぎ受領の報告とお礼まで。

文書の流れ
- 受け取りの報告
- 送付に対するお礼
- 中身に言及（確認や有効性の記述）
- 返却の予定

フォーマル度 UP
お世話になっております →
「日頃の感謝を表す（丁寧な）挨拶」（P.192）を使用。

丁寧度 UP
電話で〜・宅急便にて
依頼方法、受け取り手段などを追加。

インパクト UP
さっそくお送りいただき →
即座に対応していただきまして
すばやい対応を強める表現。

丁寧度 UP
相手に面倒をかけたことを詫びる言葉を追加。

インパクト UP
中身に言及し、そのありがたみを具体的に表現。

オリジナル度 UP
今後の作業に対する意気込みを表現。

関連 ✉ P.70 商品カタログ送付の依頼、P.110 カタログ・資料送付の連絡

じっくり 丁寧 文例

件名:「●●●」仕様書ご送付のお礼

書状の挨拶文を使い、形式に則って感謝の気持ちを表します。

(株)ブンレイ　営業部　山田です。
いつも格別のご配慮いただき、心からお礼申しあげます。

やりとりの経緯を理解しやすくします。

先日お電話で依頼いたしました「●●●」の仕様書ですが、本日宅急便にて到着いたしました。

資料の送付という本題に合わせて、迅速な対応への感謝も合わせて表します。

即座に対応していただきまして、本当にありがとうございます。
（ご多忙中お手数をおかけして申し訳ありませんでした。）

お詫びの言葉を使い、お礼を強調します。

さっそく、拝見いたしましたところ、
分類、各項目解説ともにわかりやすい資料で、
企画書の作成作業がぐんとはかどりそうです。

「役立つ」というありがたみを強調し、さらに資料の必要性という依頼の根拠を示します。

（資料を活かした説得力ある企画書になるよう努力いたします。）

貸し出し（送付）という相手の労に応える気持ちを表現します。

仕様書は、作業終了後
返却の期日内にすみやかに返却いたします。

今後とも、なにとぞよろしくお願いいたします。
メールにて恐縮ですが、とり急ぎ受領の報告とお礼まで。

メールの構成

文例
- 御礼
- 謝罪
- 説明
- 問合せ
- 依頼
- 了解受諾
- 断り
- 送付受領
- 祝賀
- 挨拶
- 通知
- 案内
- 抗議催促
- 見舞い

簡潔限定メール 箇条書き

メールにしづらい文書

ものの言い方[文例]辞典

御礼メール ◎お歳暮・お中元 に対するお礼

文書の流れ

- お歳暮のお礼
- 恐縮・感謝（心遣いへの）
- （エピソードとともに）これまでの芳情・厚情に感謝
- 相手の健勝を祈念

すっきり簡潔 文例

件名：お歳暮のお礼

（株）ブンレイ　開発部　山田です。

お世話になっております。

このたびはお歳暮の品をいただき、
本当にありがとうございました。

いつも変わらぬお心遣い、恐れ入ります。
いただいたお品、会社中で喜び、
とてもおいしくいただきました。

寒い毎日が続きますので、
皆様くれぐれもご自愛ください。

メールにて恐縮ですが、とり急ぎお礼まで。

フォーマル度 UP
お世話になっております →
「日頃の感謝を表す（丁寧な）挨拶」(P.192)を使用。

丁寧度 UP
お歳暮の品をいただき →
心のこもったお歳暮の品を頂戴いたしまして

丁寧度 UP
いつも変わらぬ〜 →
日頃お世話に〜

フォーマル度 UP
いただいたお品、〜おいしくいただきました。→
ご恵贈の品、〜ご厚意を頂戴いたしました。

《 +α 》

オリジナル度 UP
これまでの感謝と同時に、今後の支援を依頼する言葉を追加。
最近の出来事のなかから具体的な事柄をあげるなど、オリジナル情報を加えた言葉で表現。

用法 memo

お歳暮・お中元のお礼は、礼状で使われる定型句を並べて、わかりやすく。「おいしくいただきました」など、わずかな肉声がポイントになります。
文例をお中元用にするには、「お歳暮」→「お中元」、「寒」→「暑」で置き換え、「今年も押し迫って〜」に対しては、「一年の半分が過ぎました」などの表現を使います。

関連 ✉ P.112 お歳暮・お中元送付の連絡

じっくり 丁寧 文例

件名：お歳暮のお礼

（株）ブンレイ　開発部　山田です。
いつもお力添えいただき、ありがとうございます。

このたびは心のこもったお歳暮の品を
頂戴いたしまして、
誠にありがとうございました。

日頃お世話になりっぱなしのうえ、
ご丁寧なご挨拶まで頂戴し、恐縮しております。
ご恵贈の品、会社中で喜び、早速ご厚意を頂戴
いたしました。

今年も押し迫ってまいりました。
年始に発表した新製品がおかげさまで好評で、
こうして改めて今後を展望できますのも、
皆様のご支援ご指導の賜物と感謝する次第です。
今後とも、よろしくお願い申しあげます。

寒さ厳しき折、
皆様くれぐれもご自愛くださいませ。

メールにて恐縮ですが、とり急ぎお礼申しあげます。

- 書状の挨拶文を使い、形式に則って感謝の気持ちを表します。
- より丁寧な表現で、ありがたみを強調します。
- より強く恐縮を表現することで、贈答品を当たり前と思っていないこと、申し訳ないと思う気持ちを含めます。
- 「おいしく～」という素直な表現とは対照的に、格式高い印象になります。お花などの場合は、「ご恵贈の品、さっそく受付に飾らせていただきました」などの表現に。
- ひと言加えることで、読み流される定型句が生きた言葉になります。「年始に発表した～」の部分を無難に言うなら、「無事ここまで過ごしてまいりまして、」など。お中元の場合は、最初のひと言として「一年の半分が過ぎました。」など。

メールの構成／文例／御礼／謝罪／説明／問合せ／依頼／了解受諾／断り／送付受領／祝賀／挨拶／通知／案内／抗議催促／見舞い／箇条書き・簡潔限定メール／メールにしづらい文書

もののの言い方[文例]辞典　21

御礼メール ◎講師承諾に対するお礼

文書の流れ

- 承諾のお礼
- 講演への期待
- 改めてのお願いの挨拶
- 今後の予定

すっきり簡潔文例

件名：セミナー講師ご承諾のお礼

投資研究会 セミナー実行委員 山田です。
いつも大変お世話になっております。

このたびは、
「初級投資セミナー」の講師を
ご承諾いただきまして、
誠にありがとうございます。

先生の軽妙かつ独特の語り口で
有意義なお話がうかがえることを、
関係者・参加者一同、大変楽しみにして
おります。

なお、当日の予定につきましては、
改めてご連絡いたします。

メールにて恐縮ですが、
まずはとり急ぎお礼まで。

フォーマル度 UP
いつも大変お世話になっております → 「日頃の感謝を表す(丁寧な)挨拶」(P.192)を使用。

丁寧度 UP ≪ +α
相手の多忙の身を気遣うひと言を追加。

フォーマル度 UP
ご受諾いただきまして → ご承諾の由
書状で使う言い回しを使用。

≪ +α

インパクト UP
喜びの声を追加。

オリジナル度 UP
受諾してもらえた内容（この場合講師）について、過去の実績を讃えるひと言やエピソードを添えます。

≪ +α

丁寧度 UP
日程が急な場合は、その点を詫びるひと言を追加。

用法memo
丁寧すぎて慇懃無礼な印象を与えてしまうよりも、率直に感謝の言葉を述べるほうが効果的な場合も。「とり急ぎ」を強調することで、早くお礼を伝えたかった気持ちを表します。

関連 P.80 講習会講師の依頼、P.94 講演依頼の受諾

じっくり丁寧文例

件名: **セミナー講師ご承諾のお礼**

投資研究会 セミナー実行委員 山田です。
いつもお力添えくださいまして、ありがとうございます。

このたびは、
(ご多忙中にも関わらず、)
「初級投資セミナー」の講師を ご承諾の由、
心からお礼申しあげます。
(お引き受けいただき、とても感激しています。)

(半年前にご講演いただいた内容が
大変好評でしたので、
今回は参加希望者がさらに増えそうです。)
先生の軽妙かつ独特の語り口で
有意義なお話がうかがえることを、
関係者・参加者一同、大変楽しみにしております。

(当日までの時間がわずかで
申し訳ございませんが、)
なにとぞよろしくお願いいたします。
なお、当日の予定につきましては、改めてご連絡いたします。

メールにて恐縮ですが、まずはとり急ぎお礼まで。

- 書状の挨拶文を使い、形式に則って感謝の気持ちを表します。
- 「多忙」=「人望が厚い」ことをさりげなく示し、受諾に対する感謝を強調します。
- 「受諾」の事実をかしこまって受け止めた様子を示します。「由」は「~とのこと」の意味。
- 引き受けてもらえた嬉しさを率直に伝えます。
- 相手に寄せる期待の大きさを強調し、相手が気持ちよく事に臨めるようにします。
- 時間がないことを恐縮する一方で、しっかり務めてもらえるよう柔らかく念を押します。

メールの構成 / 文例 / 御礼 / 謝罪 / 説明 / 問合せ / 依頼 / 了解受諾 / 断り / 送付受領 / 祝賀 / 挨拶 / 通知 / 案内 / 抗議催促 / 見舞い / 箇条書き簡潔限定メール / メールにしづらい文書

ものの言い方[文例]辞典 23

御礼メール　◎着任祝いに対するお礼

文書の流れ

就任祝賀へのお礼 ▼ 大役を実感 ▼ 抱負・決意 ▼ 今後の支援をお願い

すっきり簡潔文例

件名：就任祝いへのお礼

（株）ブンレイ　販売担当　山田です。
大変お世話になっております。

> **フォーマル度 UP**
> お世話になっております →
> 「日頃の感謝を表す（丁寧な）挨拶」（P.192）を使用。

このたびの ●●部 部長就任に際して、
さっそく 丁寧なご祝詞 をいただき
本当にありがとうございました。

> **フォーマル度 UP**
> このたびの →
> 私こと、このたびの
> 定型句を使用。

> **フォーマル度 UP**
> 丁寧なご祝詞 →
> ご懇篤なるご祝詞
> 祝詞に対してより格式高い印象を与える形容を使用。

●●担当部長としての大役を仰せつかり
責任の重さを痛感しています。

《 +α

> **オリジナル度 UP**
> 就任時の周辺状況を示すひと言を追加。
> 自身の会社・業界に特有の状況で、「困難」「苦境」「転換点」などを感じさせる内容を、「〜の時代に」や「〜な折り」という形で表現。

今後はより一層社業発展のため
努力してまいります。
どうか変わらぬご指導ご鞭撻のほど、
心からお願い申しあげます。

メールにて恐縮ですが、
とり急ぎお礼かたがたご挨拶まで。

> **フォーマル度 UP**
> 自分を謙遜して言う定型句を追加。

ものの言い方［文例］辞典

関連 ✉ P.120 役職就任（昇進）のお祝い、P.122 栄転（転任）のお祝い

じっくり 丁寧 文例

件名：就任祝いへのお礼

（株）ブンレイ　販売担当　山田です。
いつも何かとお心遣いいただき、
心からお礼申しあげます。

私こと、このたびの ●●部 部長就任に際しましては、
さっそく ご懇篤なるご祝詞 をいただきまして、
誠にありがとうございました。

外国製品との価格競争が激化し、
新たな競争力を求められるなか、
●●担当部長としての大役を仰せつかり
責任の重さを痛感しています。

なにぶん微力非才の身でございますが、
今後とも社業発展のため
一層努力してまいる所存です。
どうか変わらぬご指導ご鞭撻のほど、
心からお願い申しあげます。

メールにて恐縮ですが、
とり急ぎお礼かたがたご挨拶まで。

- 書状の挨拶文を使い、形式に則って感謝の気持ちを表します。

- あらたまった印象を強くします。
  この場合の「こと」は、「〜については」の意味。

- 祝詞に対するありがたみを強調します。「懇篤(こんとく)」は、手厚く親切なこと。

- その後に続く「大役」を強調し、「責任の重さ」という言葉に重みをつけます。
  一般的なものでは、
  「出口の見えない景気低迷が続くなか」
  「混沌として未来（経済）の予測困難な折」
  「〜を迎えたこの大きな節目の時期に」など。

- 謙虚さと文章を締める感じを与えます。同様の言い回しに、「若輩の身でございますが」など。

メールの構成 / 文例（御礼／謝罪／説明／問合せ／依頼／了解受諾／断り／送付受領／祝賀／挨拶／通知／案内／抗議催促／見舞い） / 箇条書き・簡潔限定メール / メールにしづらい文書

ものの言い方［文例］辞典　25

御礼メール ◎ 見舞い（入院）に対するお礼

文書の流れ

- お見舞いへのお礼
- 心遣いへの恐縮・感謝
- 退院・復帰の報告
- 入院時や健康にまつわるエピソード
- 健康留意の決意

すっきり簡潔文例

件名：お見舞いへのお礼

（株）ブンレイ　営業部　山田です。

お世話になっております。

先日は私の入院に際して

ご丁寧にお見舞いのお手紙をいただき、

本当にありがとうございました。

おかげさまをもちまして、

今月●日に退院いたしました。

本日から仕事に復帰しておりますので、

他事ながらご休心ください。

これからは健康に十分留意し、

ご心配をかけることのないよう心がけます。

メールにて恐縮ですが、

とり急ぎお礼申しあげます。

フォーマル度 UP
お世話になっております → 「日頃の感謝を表す（丁寧な）挨拶」（P.192）を使用。

丁寧度 UP
厚意（親切）に対する恐縮の言葉を追加。

丁寧度 UP
お礼の言葉をさらに追加。

オリジナル度 UP
自身の健康にまつわるエピソードや入院をふりかえっての反省・感想を加えます。

丁寧度 UP
メールによる簡易な挨拶をことわってひと言。

26　ものの言い方 [文例] 辞典

関連 ✉ P.182 交通事故の見舞い、P.214 見舞い状 — 病気見舞い

じっくり丁寧文例

件名：**お見舞いへのお礼**

（株）ブンレイ　営業部　山田です。
いつも何かとお心遣いいただき、
心からお礼申しあげます。

先日は私の入院に際して
ご丁寧にお見舞いのお手紙をいただき、
本当にありがとうございました。
短期の入院でしたので、とくに申しあげるほど
のものでもなく、かえって恐縮しております。
お心遣いありがたく、感激いたしました。

おかげさまをもちまして、
今月●日に退院いたしました。
本日から仕事に復帰しておりますので、他事ながら
ご休心ください。

かつては、自転車で大転倒しても
けがひとつしたことがなく
丈夫さだけは自信のあった私ですが、
このたびの入院で、健康管理の大切さを
改めて痛感いたしました。
これからは健康に十分留意し、
ご心配をかけることのないよう心がけます。

本来であればおうかがいすべきところ
メールにて恐縮ですが、とり急ぎお礼申しあげます。

- 書状の挨拶文を使い、形式に則って感謝の気持ちを表します。
- 恐縮することで、厚意（親切）のありがたみをさらに強調します。
- お礼の言葉を言い換えてたたみかけることで、深い感謝を表現します。
- エピソードを加えることで、お礼・お詫びに終始しない、印象的なメール文にします。類似の例に、「バーゲン品欲しさに、寒空の下徹夜しても風邪ひとつひいたことがなく」など。
- 急いでお礼を言いたかったことを印象づけます。

御礼

ものの言い方［文例］辞典　27

御礼メール ◎災害（天災・事故）見舞いに対するお礼

文書の流れ
- お見舞いへのお礼
- 気遣いへの恐縮・感謝
- 被害状況報告
- 業務再開（復興）予定
- 今後の支援をお願い

すっきり簡潔文例

件名：お見舞いへのお礼

（株）ブンレイ
関西支店 営業部　山田です。

> **丁寧度UP**
> 「日頃の感謝を表す（丁寧な）挨拶」（P.192）を追加。

このたびの台風災害に際しては
さっそくご丁重なお見舞いをいただき、
本当にありがとうございました。
温かいお言葉、心にしみました。

> **丁寧度UP**
> 気遣いに対して恐縮するひと言を追加。

この大型台風で
当支店にも浸水等の被害がございますが、
幸いそれほど深刻なものではありませんでした。

> **オリジナル度UP**
> 台風や被害について、現地のようすを伝える記述を追加。

業務は、週明け●日より再開する予定です。
なにとぞ従来にも増して
お引き立ていただけますよう、
お願いいたします。

> **オリジナル度UP**
> 復興に向けての前向きなコメントを追加。

メールにて恐縮ですが、
とり急ぎご報告かたがたお礼まで。

> **丁寧度UP**
> とり急ぎ〜 →
> 一刻も早く〜
> メールでの簡易的な挨拶を詫びる一文に変更。

関連 ✉ P.180 天災（台風・地震など）に対する見舞い、P.215 見舞い状 ― 火事見舞い

じっくり 丁寧 文例

件名：お見舞いへのお礼

（株）ブンレイ　関西支店 営業部　山田です。
いつも何かとお心遣いいただき、
心からお礼申しあげます。

さて、このたびの台風災害に際しては
さっそくご丁重なお見舞いをいただき、
本当にありがとうございました。
皆様にまでご心配をおかけして恐縮しております。
温かいお言葉、心にしみました。

今年は大型台風が相次いで襲来し、
近辺では浸水や建物の倒壊といった大きな被害
が出ております。
当支店にも浸水等の被害はございますが、
幸いそれほど深刻なものではありませんでした。

皆様のお見舞いの声に励まされて、
支店社員一同、一丸となって復興に取り組んで
おります。
業務は、週明け●日より再開する予定です。
なにとぞ従来にも増してのお引き立てを賜ります
よう、心からお願い申しあげます。

一刻も早く無事の連絡とお礼を申しあげたく、
メールにて失礼いたしました。

- 本題に入るまえに一呼吸おき、丁寧な印象を与えます。逆に入れなければ、単刀直入に用件に入り、急ぎ知らせている感じを与える効果も。

- 感謝と同時に心配をかけて申し訳ないという気持ちを表現します。

- 現地のようすや被害状況を伝えることで、相手のお見舞いに応えるだけではない、情報価値を高めたメールにします。

- お見舞いの声を糧に今後に対して意欲的な姿勢を示すことで、お礼のメールを営業的にも意味あるものにします。

- とにかく早くお礼が言いたかったという気持ちを強調します。遠方の場合はとくに、メールの使用を正当化しやすくなります。

メールの構成 / 文例（御礼・謝罪・説明・問合せ・依頼・了解受諾・断り・送付受領・祝賀・挨拶・通知・案内・抗議催促・見舞い）／ 簡潔書き 限定メール／ メールにしづらい文書

ものの言い方［文例］辞典

御礼メール ◎送別会に対するお礼

文書の流れ

- 送別会へのお礼
- これまでの芳情（親切）へ感謝
- 新しい生活の報告・抱負
- 今後の支援をお願い

すっきり簡潔 文例

件名：送別会のお礼

沖縄支店の山田です。

こちらはよい天気が続いております。
皆様いかがお過ごしでしょうか。

> **フォーマル度 UP**
> 皆様いかがお過ごしでしょうか →「安否の挨拶」(P.194)を使用。

先日は 私の沖縄支店転勤に際して、
盛大な送別会を開いていただきまして、
本当にありがとうございました。

> **丁寧度 UP** +α
> 相手の都合を気遣う一文を追加。

3年間の品川支店勤務を無事終えることが
できましたのは、皆様の
ご指導のおかげと思っております。

> **オリジナル度 UP** +α
> 「皆様のご指導」を修飾するひと言を追加。

> **オリジナル度 UP** +α
> 主題の送別会に関して、コメントを追加。

おかげさまで●月●日にこちらに到着し、
勤務を開始しました。
今後は数々のお教えを活かして、
当地で力を尽くしたいと思います。
今後とも、よろしくお願いいたします。

> **フォーマル度 UP**
> 今後とも、よろしくお願いいたします →「今後の支援を願う挨拶」(P.193)

メールにて恐縮ですが、とり急ぎお礼まで。

関連 ✉ P.164 送別会の案内

じっくり丁寧文例

件名：送別会のお礼

沖縄支店の山田です。

こちらはよい天気が続いております。
皆様にはますますご健勝のことと拝察いたします。

先日は私の沖縄支店転勤に際して、
（ ご多忙中にもかかわらず ）
盛大な送別会を開いていただきまして、
本当にありがとうございました。

3年間の品川支店勤務を無事終えることが
できましたのは、皆様の、
（ ときに情け容赦なく ときに情け深い ）
ご指導のおかげであると思っております。
（ 送別会の席で皆様から贈られた激励のお言葉も、
そのひとつひとつが心にしみています。 ）

おかげさまで●月●日にこちらに到着し、
勤務を開始しました。
今後は数々のお教えを活かして、
当地で力を尽くしたいと思います。
なにとぞ、変わらぬご支援ご鞭撻のほど、
よろしくお願いいたします。

メールにて恐縮ですが、とり急ぎお礼申しあげます。

- あらたまった言い方にして、きちんとした印象を与えます。
- 自分のために申し訳ないという恐縮する気持ちを表現します。
- 相手の「ご指導」をどのように感じていたかを加えることによって、定型句を生き生きした文にします。無難にまとめる場合は、「厳しくも温かい」など。
- 催された送別会が意義あるものだったことを伝え、御礼メールの意味を高めます。
- かしこまった表現で、文章をしっかりと締めくくります。

ものの言い方［文例］辞典　31

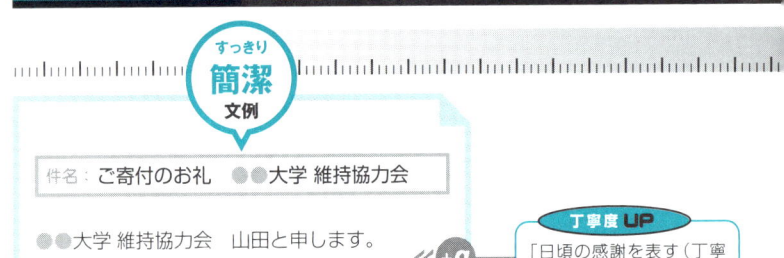

御礼メール ◎寄付に対するお礼

すっきり簡潔文例

件名：ご寄付のお礼　●●大学 維持協力会

●●大学 維持協力会　山田と申します。

このたびは

ご寄付をいただきまして、

本当にありがとうございました。

活動の主旨をご理解いただき、

ご寄付いただけたことは、

大変ありがたく感謝にたえません。

おかげさまで、多くの方々にご賛同をいただき、

総額はxxxx万円に達しております。

これを原資に、教育プログラムの新設、

研究施設の改良等を行えることになりました。

今後も、母校の教育水準向上を目指して

この活動に力を入れて行こうと

決意を新たにしています。

どうか末長いお力添えのほど、

よろしくお願い申しあげます。

メールにて恐縮ですが、とり急ぎお礼まで。

文書の流れ
寄付に対するお礼 ▼ 主旨賛同への感謝 ▼ 活動の現状 ▼ 今後の決意 ▼ 今後の支援のお願い

丁寧度 UP ＋α
「日頃の感謝を表す（丁寧な）挨拶」（P.192）を追加。

丁寧度 UP ＋α
寄付の対象を追加。

丁寧度 UP ＋α
会の活動の主旨を簡単に説明。

インパクト UP
ご寄付いただけたことは → ご厚意を頂戴したことは

オリジナル度 UP ＋α
関係者の喜ぶ気持ちを表現。

関連 ✉ P.78 協賛の依頼

じっくり丁寧 文例

件名：ご寄付のお礼　●●大学 維持協力会

●●大学 維持協力会　山田と申します。
(格別のご高配を賜り、厚くお礼申しあげます。)

さて、このたびは
(●●大学 維持協力会に)
ご寄付をいただきまして、
誠にありがとうございました。
(大学の教育・研究施設の水準向上を目指す)
活動の主旨をご理解いただき、
ご厚意を頂戴したことは、
大変ありがたく感謝にたえません。

おかげさまで、多くの方々にご賛同をいただき、
総額はxxxx万円に達しております。
これを原資に、教育プログラムの新設、研究施設の
改良等を行えることになりました。
(活動の成果が目に見える形で現れることになり、)
(協会員一同感激しております。)

今後もますます、母校の教育水準向上を目指して
この活動に力を入れて行こうと決意を新たにしています。

どうか末長いお力添えのほど、
よろしくお願い申しあげます。
メールにて恐縮ですが、とり急ぎお礼申しあげます。

左側の注釈：

- 本題に入るまえに一呼吸おき、丁寧な印象を与えます。逆に入れなければ、単刀直入に用件に入り、急ぎ連絡している感じを与える効果も。

- お礼の対象を明確にします。

- なぜ寄付が必要なのかを改めて表明し、寄付が何に役立てられるかをアピールします。

- 「寄付」を「厚意」と表現することで、寄付に応じてくれた相手の気持ちをありがたく思っていることを強調します。また、前の文との繰り返しも避けられます。

- 関係者の気持ちを表すことにより、「お礼」の言葉に臨場感を出します。

右側のインデックス：
メールの構成／文例／**御礼**／謝罪／説明／問合せ／依頼／了解受諾／断り／送付受領／採否／挨拶／通知／案内／抗議催促／見舞い／箇条書き簡潔限定メール／メールにしづらい文書

もののの言い方［文例］辞典　33

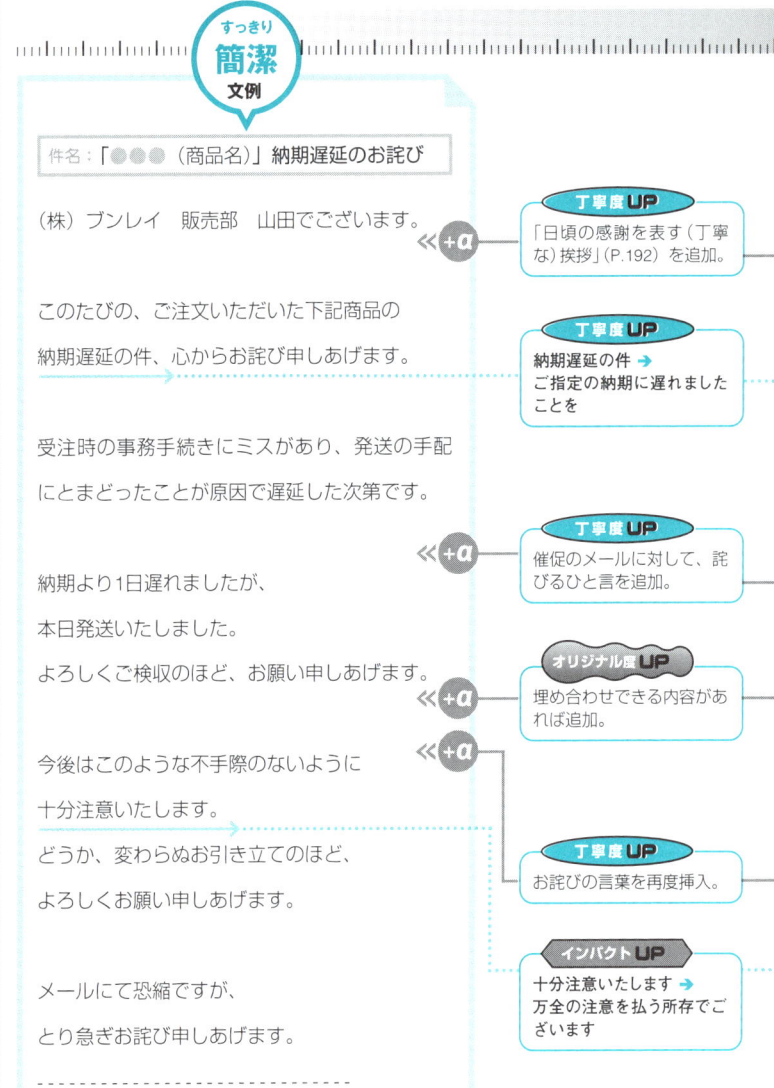

関連 ✉ P.48 納品遅延についての弁明、P.84 納期延期の依頼、P.92 納期延期の受諾、
P.102 納期延期の依頼を断る、P.174 納期遅延に対する抗議

じっくり 丁寧 文例

件名:「●●●(商品名)」納期遅延のお詫び

(株) ブンレイ 販売部 山田でございます。
いつもご利用いただき、ありがとうございます。

さて、ご注文いただいた下記の商品につきまして、
ご指定の納期に遅れましたことを、
心からお詫び申しあげます。
受注時の事務手続きにミスがあり、発送の手配に
とまどったことが原因で遅延した次第です。

催促のメールを頂戴しまして、
お手数をおかけしたこと、誠に申し訳なく
存じております。

納期より1日遅れましたが、本日発送いたしました。
よろしくご検収のほど、お願い申しあげます。
なお、新製品のサンプルを同梱させていただき
ました。お使いいただければ幸いに存じます。

このたびは大変ご迷惑をおかけいたしました。
今後はこのような不手際のないように
万全の注意を払う所存でございます。
どうか、変わらぬお引き立てのほど、
よろしくお願い申しあげます。

メールにて恐縮ですが、とり急ぎお詫び申しあげます。
- -
(以下「注文内容」など)

注釈(左側):

- 本題に入るまえに一呼吸おき、丁寧な印象を与えます。逆に入れないことで、急いで謝罪対応している感じを出す効果も。

- 丁寧な言い換えをすることで、くどい感じがする半面、ことの重大さを認識している雰囲気を出します。

- 催促された場合は、その手数をかけたことに関しても詫びておくとより丁寧です。

- 誠意を示せると同時に、営業上のメリットも。

- あらたまって一文入れることで、「本当に申し訳ない」という気持ちを印象づけます。

- より強い決意で「注意したい」という気持ちを表明し、反省の強さを示します。

ものの言い方[文例]辞典 35

謝罪メール ◎発送した商品の品違いに対するお詫び

すっきり簡潔文例

文書の流れ：品違いについてのお詫び ▼ 品違いの理由 ▼ 再度お詫び ▼ 再発送の予定 ▼ 品違い品の処置方法 ▼ 今後の心構え

件名：品違い商品発送のお詫び

（株）ブンレイ　販売部　山田でございます。

<< +α **丁寧度UP**　「日頃の感謝を表す（丁寧な）挨拶」（P.192）を追加。

このたびの、ご注文商品の品違いの件、
心からお詫び申しあげます。

丁寧度UP　品違いの件 → お届けした商品に間違いがありましたことを

係のミスで配送用のフォームに
異なる商品名を入力したために、
商品を間違えてお送りした次第です。
弁解のしようもなく、恐縮しております。

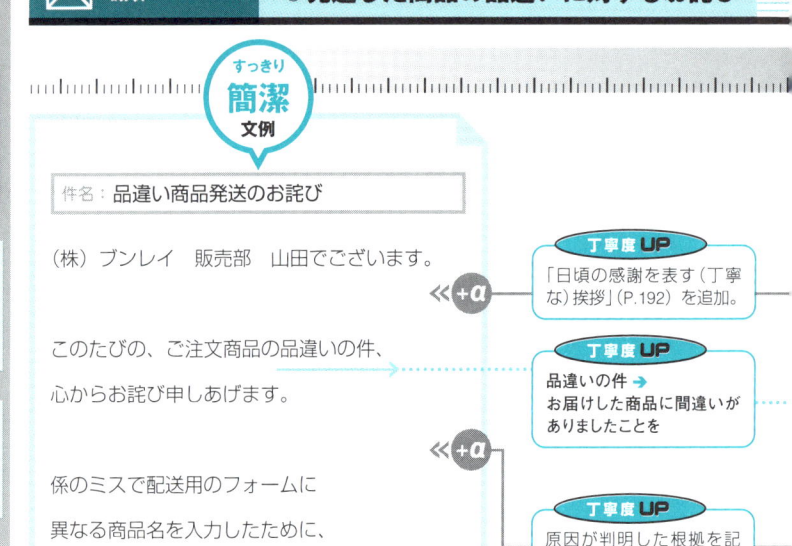

<< +α **丁寧度UP**　原因が判明した根拠を記述。

ご注文の商品は、本日発送いたしました。
よろしくご検収のほど、お願い申しあげます。

丁寧度UP　品違いの指摘メールに対して、詫びるひと言を追加。

<< +α

今後はこのような不手際のないように
十分注意いたします。
どうか、変わらぬお引き立てのほど、
よろしくお願い申しあげます。

丁寧度UP　品違い品の処理方法を記載。

丁寧度UP　お詫びの言葉を再度挿入。

インパクトUP　十分注意いたします → 確認を周知徹底いたします

メールにて恐縮ですが、
とり急ぎお詫び申しあげます。

（以下「注文内容」など）

関連 ✉ P.64 届いた商品の品違いについての問い合わせ、P.170 納入商品の品違いに対する抗議

じっくり 丁寧 文例

件名：品違い商品発送のお詫び

（株）ブンレイ　販売部　山田でございます。
いつもご利用いただき、ありがとうございます。

さて、ご注文いただいた下記の商品につきまして、
お届けした商品に間違いがありましたことを、
心からお詫び申しあげます。

調査いたしましたところ、
係のミスで配送用のフォームに異なる商品名を入力
したために、商品を間違えてお送りした次第です。
弁解のしようもなく、恐縮しております。

ご指摘のメールを頂戴しまして、
お手数をおかけしたこと、
誠に申し訳なく存じております。

ご注文の商品は、本日発送いたしました。
よろしくご検収のほど、お願い申しあげます。
なお手違いでお届けした商品は、後日引き取りの
便を手配いたしますので、お手数ですが
係の者にお渡しいただけると幸いです。

このたびは大変失礼いたしました。
今後はこのような不手際のないように
確認を周知徹底いたします。
どうか、変わらぬお引き立てのほど、
よろしくお願い申しあげます。

メールにて恐縮ですが、とり急ぎお詫び申しあげます。
- -
（以下「注文内容」など）

注記（左側）

- 本題に入るまえに一呼吸おき、丁寧な印象を与えます。逆に入れないことで、急いで謝罪対応している感じを出す効果も。

- 丁寧な言い換えをすることで、くどい感じがする半面、ことの重大さを認識している雰囲気を出します。

- 原因解明のためにすぐに対処し、再発防止に努めていることを表します。

- 相手から品違いの連絡があった場合は、その手数をかけたことに関しても詫びておくとより丁寧です。

- 相手に余計な心配・面倒をかけずに、後処理のすばやさを印象づけます。

- あらたまって一文入れることで、「本当に悪いことをした」と反省する気持ちを印象づけます。

- 注意する内容をより具体的に表すことで、再発を防ぐ意欲を表します。

ものの言い方［文例］辞典　37

謝罪メール　◎ **不良品送付に対するお詫び**

すっきり簡潔文例

件名：不良品送付のお詫び

（株）ブンレイ　販売部　山田でございます。

> **丁寧度 UP**
> 「日頃の感謝を表す（丁寧な）挨拶」(P.192) を追加。

このたびの、
ご注文いただいた商品の 不良品送付の件、
大変申し訳なく 心からお詫び申しあげます。

> **丁寧度 UP**
> 不良品送付の件 →
> お届けした商品が不良品であったとのこと

> **インパクト UP**
> 不良品の指摘に驚いた一文を追加。

平素より、検品及び発送時の荷造りには
最大限の注意を払っておりましたが、
このような不始末が生じましたことは、
弊社の管理体制にまだまだ不十分なところが
あったためと、深く反省しております。

代わりの商品は、至急送付いたしました。
よろしくご検収のほど、お願い申しあげます。

> **丁寧度 UP**
> 不良品の処理方法を記載。

> **丁寧度 UP**
> お詫びの言葉を再度挿入。

今後はこのような不始末のないように
十分注意いたします。
どうか、変わらぬお引き立てのほど、
よろしくお願い申しあげます。

> **インパクト UP**
> 十分注意いたします →
> 商品管理、検品に一層の注意を払います

メールにて恐縮ですが、
とり急ぎお詫び申しあげます。

文書の流れ
- 不良品送付についてのお詫び ▼
- 事故発生の驚き ▼
- 反省の弁 ▼
- 再発送の予定 ▼
- 不良品の処置方法 ▼
- 今後の心構え

関連 ✉ P.172 納入商品の欠陥に対する抗議

じっくり 丁寧 文例

件名：**不良品送付のお詫び**

（株）ブンレイ　販売部　山田でございます。
いつもご利用いただき、ありがとうございます。

●月●日にご注文いただいた商品につきまして、
お届けした商品が不良品であったとのこと、
大変申し訳なく心からお詫び申しあげます。

ご指摘のメールを頂戴したしまして、
大変驚愕しております。
平素より、検品及び発送時の荷造りには
最大限の注意を払っておりましたが、
このような不始末が生じましたことは、
弊社の管理体制にまだまだ不十分なところが
あったためと、深く反省しております。

代替の商品は、至急送付いたしました。
よろしくご検収のほど、お願い申しあげます。
なお不良品については、後日引き取りの便を
手配いたしますので、お手数ですが
係の者にお渡しいただけると幸いです。

このたびは大変ご迷惑をおかけいたししました。
今後はこのような不始末のないように
商品管理、検品に一層の注意を払います。
どうか、変わらぬお引き立てのほど、
よろしくお願い申しあげます。

メールにて恐縮ですが、とり急ぎお詫び申しあげます。

本題に入るまえに一呼吸おき、丁寧な印象を与えます。逆に入れないことで、急いで謝罪対応している感じを出す効果も。

丁寧な言い換えをすることで、くどい感じがする半面、ことの重大さを認識している雰囲気を出します。

「そんなことがあるなんて」と驚きを表すことで、とまどいを表現するだけでなく、後に続く「最大限の注意を払っていた」ことを裏付けます。

相手に余計な心配・面倒をかけずに、後処理のすばやさを印象づけます。

あらたまって一文入れることで、「本当に悪いことをした」と反省する気持ちを印象づけます。

注意する内容をより具体的に表すことで、再発を防ぐ意欲を表します。

ものの言い方[文例]辞典

謝罪メール ◎品切れに対するお詫び

文書の流れ: 品切れのお知らせ（+お詫び） → 入荷の予定（+品切れの理由） → 今後のフォロー → 品切れについてのお詫び

すっきり簡潔文例

件名:「●●●（商品名）」品切れのお詫び

(株)ブンレイ　販売部　山田でございます。
いつもご利用いただき、ありがとうございます。

> **丁寧度UP**
> いつもご利用いただき～ →
> 「日頃の感謝を表す(丁寧な)挨拶」(P.192)を使用。

さて、ご注文いただいた下記の商品ですが、
あいにく、現在品切れになっております。

> **丁寧度UP**
> あいにく →
> 誠に申し訳ございませんが

今後の入荷予定ですが、
●月まで入荷する見込みがございません。 ≪ +α

> **オリジナル度UP**
> 品切れの理由を追加。

商品入荷次第、再度ご連絡いたしますので、
改めてご注文くださいますよう
お願い申しあげます。

ご希望に添えず誠に申し訳ございません。 ≪ +α
今後とも変わらぬお引き立てのほど、
よろしくお願い申しあげます。

> **丁寧度UP**
> 改めて「理解」を求めるひと言を追加。

メールにて恐縮ですが、
とり急ぎお詫びかたがた、お知らせ申しあげます。

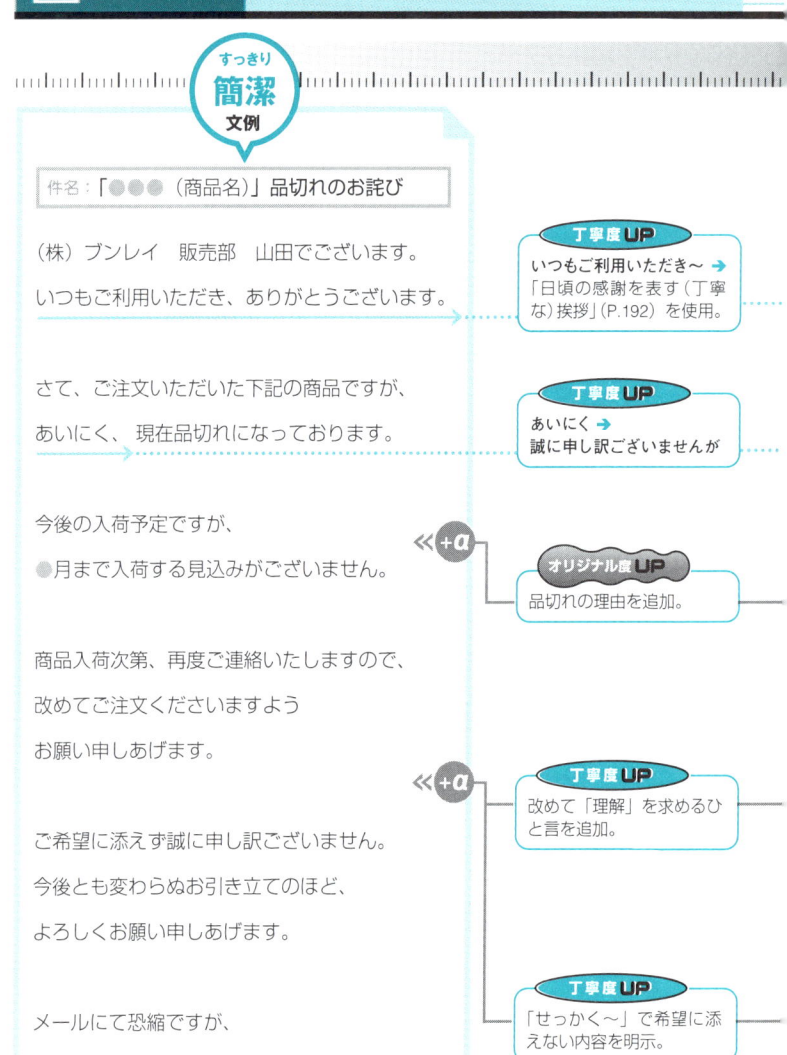

(以下「注文内容」など)

> **丁寧度UP**
> 「せっかく～」で希望に添えない内容を明示。

もののの言い方[文例]辞典

関連 ✉ P.96 注文を断る

じっくり丁寧 文例

件名：「●●●（商品名）」品切れのお詫び

(株) ブンレイ　販売部　山田でございます。
平素は、格別のご愛顧を賜り、誠にありがとうございます。

さて、ご注文いただいた下記の商品ですが、
誠に申し訳ございませんが
現在品切れになっております。

今後の入荷予定ですが、
(先日ドラマで当該商品が使用されて以降
　注文が殺到したため 生産が追いつかず、)
●月まで入荷する見込みがございません。

商品入荷次第、再度ご連絡いたしますので、
改めてご注文くださいますようお願い申しあげます。
(どうかあしからずご了承くださいませ。)

(せっかくご注文いただきながら)
ご希望に添えず誠に申し訳ございません。
今後とも変わらぬお引き立てのほど、
よろしくお願い申しあげます。

メールにて恐縮ですが、
とり急ぎお詫びかたがた、お知らせ申しあげます。

（以下「注文内容」など）

少し形式的な印象になりますが、より丁寧な感じを与える表現を使います。

品切れの通知よりも「お詫び」の印象を強めます。

理由をうまく説明できた場合、「仕方ない」と相手の気持ちを収めることにつながります。
「あいにく、この商品は非常に人気が高いため」「近年まれに見る大ヒット商品で」「ここ●カ月需要が急増し」など。

意向に添えないことを申し訳なく思う気持ちを改めて表す一方で、他にしようがないことを伝えます。

「注文」をありがたく思う気持ちを表現し、それに応えられないお詫びの気持ちを強調します。

ものの言い方［文例］辞典　41

謝罪メール　◎欠席に対するお詫び

文書の流れ
- お祝いの言葉（祝い事の場合）
- 招待へのお礼
- 欠席のお知らせとその理由
- 欠席のお詫び
- その他のフォローすることなど
- 盛会を祈念

すっきり簡潔文例

件名：記念パーティ欠席のお詫び

（株）ブンレイ　販売部　山田でございます。

丁寧度 UP ：「日頃の感謝を表す（丁寧な）挨拶」（P.192）を追加。

このたびは、設立10周年おめでとうございます。
ますますのご活躍、心からお喜び申しあげます。
また、このたびは 記念パーティに
ご招待いただき、誠にありがとうございます。

オリジナル度 UP ：招待された内容に関係して、相手の活躍をたたえる具体的な内容を追加。

記念パーティにはぜひ出席して
お祝いを申しあげたいところですが、
別の予定が入っておりまして、
断念せざるを得ない状況です。

丁寧度 UP ：欠席の具体的な理由を追加。

本当に申し訳なく存じますが、
なにとぞお許し くださいますよう
お願いいたします。

丁寧度 UP ：「せっかく～」で意向に添えない対象を明示。

インパクト UP
お許し → ご容赦

陰ながらご盛会をお祈り申しあげます。

メールにて恐縮ですが、
取り急ぎお祝いかたがた、欠席のお詫びまで。

オリジナル度 UP ：欠席当日フォローできることがあれば追加。

じっくり 丁寧 文例

件名：記念パーティ欠席のお詫び

（株）ブンレイ　販売部　山田でございます。
いつもお心遣いいただき、ありがとうございます。

このたびは、設立10周年おめでとうございます。
斬新な新サービスを相次ぎ発表されるなど、
連日メディアをにぎわすますますのご活躍、
心からお喜び申しあげます。
また、このたびは記念パーティにご招待いただき、
誠にありがとうございます。

記念パーティにはぜひ出席してお祝いを申しあげた
いところですが、別の予定が入っておりまして、
断念せざるを得ない状況です。

実は、かねてから私的に参加しております
●●研究会の論文発表会があり、
当日は司会を務めることになっております。
そのため代理がきかず、
欠席せざるを得ず大変残念です。

せっかくのご招待をいただきながら
本当に申し訳なく存じますが、なにとぞ
ご容赦くださいますようお願いいたします。

なお、当日は気持ちばかりのお祝いとして、
花を贈らせていただきます。
どうぞ、ご笑納くださいませ。
陰ながらご盛会をお祈り申しあげます。

メールにて恐縮ですが、
取り急ぎお祝いかたがた、欠席のお詫びまで。

本題に入るまえに一呼吸おき、丁寧な印象を与えます。逆に入れなければ、単刀直入に用件に入り、わかりやすいとも言えます。

相手の活躍ぶりをよく認識していることを伝えます。

やむを得ない事情があることを伝えます。

「招待」をありがたく思う気持ちを表現し、それに応えられないお詫びの気持ちを強調します。

同じ意味でも、よりかしこまった印象になり、意味が強まります。

事前に伝えることによって、誠意を表現するとともに、受け取る相手の都合を配慮します。

ものの言い方［文例］辞典　43

謝罪メール ◎社員の不手際（接客態度・非礼）に対するお詫び

文書の流れ
失礼に対するお詫び ▼ 失態発生の驚き ▼ 非礼の指摘に対するお礼 ▼ 日頃の指導について弁明 ▼ 再度お詫び ▼ 今後の心構え

すっきり簡潔文例

件名：弊社社員の非礼についてのお詫び

（株）ブンレイ　販売部　山田でございます。

このたびは、弊社の社員が失礼な態度で
応対申しあげましたことにつき、
大変申し訳なく、心からお詫び申しあげます。
ひとえに上司である私の不行き届きであり、
弁解のしようもございません。

平素から、お客様に対して失礼のないように
厳しく申し聞かせておりますが、このたびの件は、
まったく申し開きのできないことでございました。

当人も深く反省しております。
どうかお許しのほど、お願い申しあげます。

今後はこのような不始末のないよう、
厳重に注意いたします。
これからも変わらぬご指導、ご鞭撻のほど、
よろしくお願いいたします。

メールにて恐縮ですが、
まずはとり急ぎ、お詫び申しあげます。

丁寧度 UP
「日頃の感謝を表す（丁寧な）挨拶」（P.192）を追加。

インパクト UP
メールを出すまでの経緯についてひと言追加。

丁寧度 UP
不手際の指摘に対して、感謝するひと言を追加。

インパクト UP
厳重に注意いたします → 心を引き締めて〜所存でございます

丁寧度 UP
改めて訪問する意向がある場合は、その旨をつけ加える。

用法memo　直接挨拶に行く前提で「とり急ぎ」出します。上司としての立場で、「申し訳ない」という思いを率直に表現します。

じっくり 丁寧 文例

件名：**弊社社員の非礼についてのお詫び**

（株）ブンレイ　販売部　山田でございます。
（ いつもお心遣いいただき、ありがとうございます。 ）

このたびは、弊社の社員が失礼な態度で
応対申しあげましたことにつき、
大変申し訳なく、心からお詫び申しあげます。
（ 事情を承り、大変驚愕し、
あわててご連絡させていただいた次第です。 ）
ひとえに上司である私の不行き届きであり、
弁解のしようもございません。

（ ご親切にご指摘をいただき、
誠にありがとうございました。 ）

平素から、お客様に対して失礼のないように
厳しく申し聞かせておりますが、このたびの件は、
まったく申し開きのできないことでございました。

当人も深く反省しております。
私からも改めて厳しく注意いたしますので、
どうかお許しのほど、お願い申しあげます。

今後はこのような不始末のないよう、
心を引き締めて、誠心誠意の応対を心掛けるよう
周知徹底していく所存でございます。
これからも変わらぬご指導、ご鞭撻のほど、
よろしくお願いいたします。

（ 後日改めてご挨拶にうかがいたいと存じますが、 ）
まずはとり急ぎ、お詫び申しあげます。

- 本題に入るまえに一呼吸おき、丁寧な印象を与えます。逆に入れないことで、急いで謝罪対応している感じを出す効果も。
- 「そんなことがあるなんて」と驚きを表すことで、とまどいを表現するだけでなく、直ちに対処していることを印象づけます。
- 相手から抗議の連絡があった場合は、その指摘について感謝する一文を加え、相手の満足度を高めます。
- 注意する内容をより具体的に表すことで、再発を防ぐ意欲を表します。
- メールでの挨拶は簡易なものであることを明示して、直接出向いて謝罪する意向を示します。

御礼 / **謝罪** / 説明 / 問合せ / 依頼 / 了解受諾 / 断り / 送付受領 / 祝賀 / 挨拶 / 通知 / 案内 / 抗議催促 / 見舞い

ものの言い方[文例]辞典

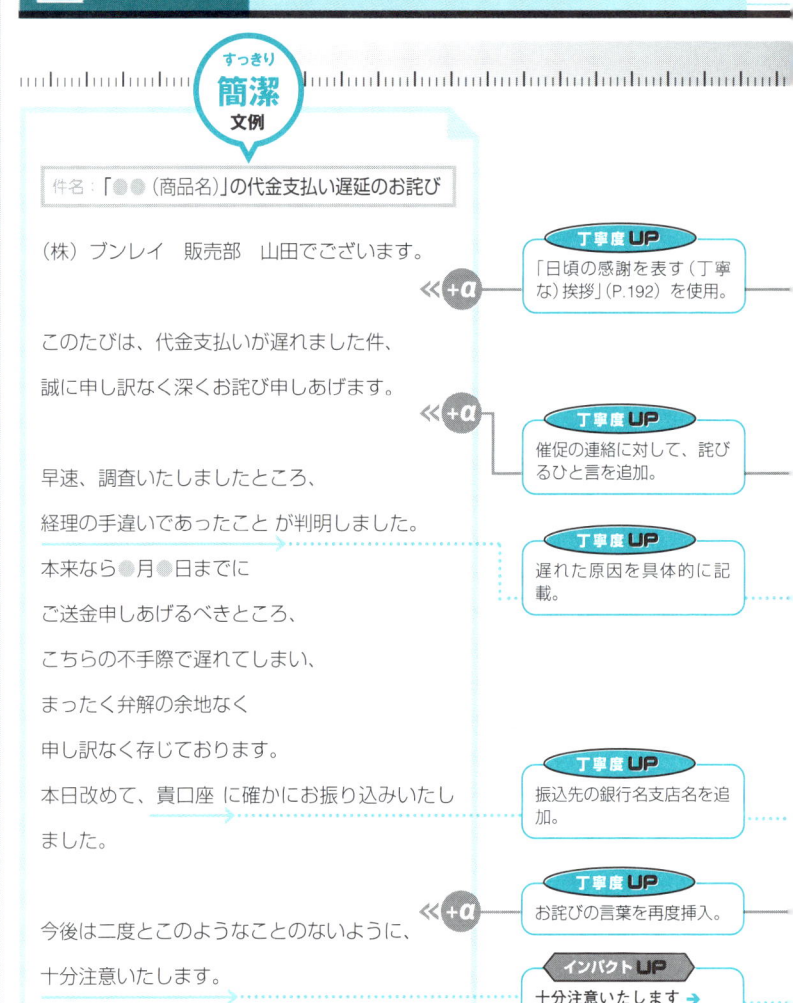

謝罪メール　◎支払い遅延に対するお詫び

文書の流れ

支払い遅延のお詫び ▼ 遅延の原因・理由 ▼ 再度お詫び ▼ 送金の報告 ▼ 今後の心構え

すっきり簡潔文例

件名：「●●（商品名）」の代金支払い遅延のお詫び

（株）ブンレイ　販売部　山田でございます。

≪ +α　**丁寧度UP**　「日頃の感謝を表す（丁寧な）挨拶」（P.192）を使用。

このたびは、代金支払いが遅れました件、
誠に申し訳なく深くお詫び申しあげます。

≪ +α　**丁寧度UP**　催促の連絡に対して、詫びるひと言を追加。

早速、調査いたしましたところ、
経理の手違いであったこと が判明しました。
本来なら●月●日までに
ご送金申しあげるべきところ、
こちらの不手際で遅れてしまい、
まったく弁解の余地なく
申し訳なく存じております。

丁寧度UP　遅れた原因を具体的に記載。

本日改めて、貴口座 に確かにお振り込みいたしました。

丁寧度UP　振込先の銀行名支店名を追加。

今後は二度とこのようなことのないように、
十分注意いたします。
なにとぞお許しいただき、
今後ともよろしくお願い申しあげます。

≪ +α　**丁寧度UP**　お詫びの言葉を再度挿入。

インパクトUP　十分注意いたします → 諸手続きの確認を周知徹底いたします

関連 ✉ P.178 支払いの催促、P.213 依頼状 ― 支払日延期の依頼

じっくり 丁寧 文例

件名:「●●（商品名）」の代金支払い遅延のお詫び

（株）ブンレイ　販売部　山田でございます。
いつも何かとお心遣いいただき、
心からお礼申しあげます。

さて、（●月分の）代金支払いが遅れました件、
誠に申し訳なく深くお詫び申しあげます。
催促のご連絡いただき、大変恐縮しております。

早速、調査いたしましたところ、
経理の振込先記載ミスにより
送金が完了していなかったこと が判明しました。
本来なら●月●日までに
ご送金申しあげるべきところ、
こちらの不手際で遅れてしまい、
まったく弁解の余地なく申し訳なく存じております。
本日改めて、●●銀行●●支店の貴口座 に
確かにお振り込みいたしました。

ご迷惑をおかけいたしました。
今後は二度とこのようなことのないように、
諸手続きの確認を周知徹底いたします。
なにとぞお許しいただき、
今後ともよろしくお引き立てのほど
お願い申しあげます。

- 本題に入るまえに一呼吸おき、丁寧な印象を与えます。逆に入れないことで、急いで謝罪対応している感じを出す効果も。

- 相手から催促があった場合は、その手数をかけたことに対しても詫びておくとより丁寧です。

- 支障がなければ、できるだけ具体的な原因（遅れた理由）を説明すると、相手を納得・安心させられます。

- 振込先を複数もつ会社相手の場合は、具体的な振込先を明記すると確認しやすく親切です。

- あらたまって一文入れることで、「本当に悪いことをした」と反省する気持ちを印象づけます。

- 注意する内容をより具体的に表すことで、再発を防ぐ意欲を表します。

ものの言い方［文例］辞典

説明メール ◎納品遅延についての弁明

文書の流れ
- 催促について恐縮
- 遅延の理由
- 納期の予定
- 再度お詫び

すっきり簡潔 文例

件名：「●●●（商品名）」納期遅延について

（株）ブンレイ　販売部　山田です。

≪ +α 【丁寧度UP】「日頃の感謝を表す（丁寧な）挨拶」(P.192)を使用。

このたびは、下記商品の納期につきまして、
お問い合わせをいただき、大変恐縮しております。

【丁寧度UP】下記商品の納期 → ●日●日にご注文いただきました下記商品の納期

実は、メーカーからの入荷が遅れておりまして、
予定の納品日にお届けすることが
できませんでした。
発売後予想以上の売れ行きで、
需要に応じきれない状態であったとのことです。

【丁寧度UP】メーカーからの説明であることを明示し、生産が間にあわないことについて、より詳細に説明。

現在は、他工場も生産に加わり、
●月●日にはお納めできる予定です。

≪ +α 【丁寧度UP】納期を伝える前に、詫びてひと言。

本日までご連絡が遅くなり、
申し訳ありませんでした。

≪ +α 【丁寧度UP】こちらに落ち度がある点を記述。

メールにて恐縮ですが、
納期のご連絡かたがたお詫び申しあげます。

【インパクトUP】事情について理解を求める一文を追加。

（以下「注文内容」など）

用法memo　理由そのものよりも、納期を伝えることを重視する場合は、詳細な説明を避けて、用件をすっきり伝えます。

関連 ✉ P.34 納期遅延に対するお詫び、P.84 納期延期の依頼、P.92 納期延期の受諾、
P.102 納期延期の依頼を断る、P.174 納期遅延に対する抗議

じっくり 丁寧 文例

注釈	本文
本題に入るまえに一呼吸おき、丁寧な印象を与えます。逆に入れなければ、急いで対応している印象を与える効果も。	件名：「●●●（商品名）」納期遅延について （株）ブンレイ　販売部　山田です。 （　いつもお心遣いいただき、ありがとうございます。　）
丁寧な言い換えをすることで、くどい感じがする半面、きちんとした説明をしようという意図を強調できます。	●日●日にご注文いただきました 下記商品の納期 につきまして、 お問い合わせをいただき、大変恐縮しております。
「それでは仕方ない」と納得してもらえるよう、理由をリアルに伝えます。	実は、メーカーからの入荷が遅れておりまして、 予定の納品日にお届けすることができませんでした。 メーカーに問い合わせたところ、 発売後予想以上の売れ行きで、 工場でフル生産しているにもかかわらず、 需要に応じきれない状態であったとのことです。
事情の説明だけでなく、詫びる気持ちがあることを伝えます。	（　ご迷惑をおかけしましたが、　） 現在は、他工場も生産に加わり、 ●月●日にはお納めできる予定です。
本来するべきだったことを明示することで、反省し誠実に対応していることを表します。	（　ご注文いただいた折に、メーカーに確認し、 　すぐにご相談申しあげるべきところ、　） 本日までご連絡が遅くなり、申し訳ありませんでした。
納期を早めることは不可能という点も伝えます。	（　何とぞ事情ご賢察のうえ、 　あしからずご了承賜りたくお願い申しあげます。　） メールにて恐縮ですが、 納期のご連絡かたがたお詫び申しあげます。 - （以下「注文内容」など）

ものの言い方［文例］辞典　49

説明メール ◎商品へのクレームに対する弁明

文書の流れ
- 連絡（クレーム）を受けたことの確認
- 説明（釈明）する意志表明
- クレーム内容についての弁明・反論
- 正当性の主張（こちらに非がない場合）
- 対処・善処方法の申し出

すっきり簡潔文例

件名：「●●（商品名）」の柄についてのご指摘の件

（株）ブンレイ　販売部　山田です。
お世話になっております。

「●●」について、貴信拝見いたしました。
商品の柄に対するご指摘ついて、
釈明申しあげます。

柄がお気に召さないとのこと。
以前ご説明させていただいたかと存じますが、
こうした柄の特性上、
カタログやサンプルでご覧になったものと
柄の出方が異なる場合がございます。

ご承知のうえでのご発注と存じておりましたが、
どうしてもお気に召さなければ
今回に限り他の商品との交換に
応じさせていただきます。
ご検討のうえ、ご連絡くださいますようお願い
申しあげます。
まずはとり急ぎ、お返事まで。

フォーマル度 UP
お世話になっております→「日頃の感謝を表す（丁寧な）挨拶」（P.192）を使用。

丁寧度 UP
商品の納品日を追加。

+α 丁寧度 UP
相手からの連絡について、ひと言挨拶を入れる。

+α 丁寧度 UP
クレームの対象となった箇所について、具体的に表現。さらに、その箇所（ここでは柄）についての説明を加える。

丁寧度 UP
あらかじめ説明したことについて詳細を記載。

+α インパクト UP
特例であることをことわってひと言。

用法memo　やむを得ず交換に応じるにしろ、こちらに非がないことを伝える場合には、丁寧な釈明で相手に訴えかけます。

関連 ✉ P.38 不良品送付に対するお詫び

じっくり丁寧文例

件名：「●●（商品名）」の柄についてのご指摘の件

（株）ブンレイ　販売部　山田です。
いつもご利用いただき、ありがとうございます。

さて、●月●日に納品いたしました「●●」に
つきまして、貴信拝見いたしました。
ご連絡恐れ入ります。
商品の柄に対するご指摘ついて、釈明申しあげます。
まだらに見えるような
柄がお気に召さないとのことですが、
これは淡いマーブル模様でこの商品の特徴でも
ございます。
こうした柄の特性上、カタログやサンプルでご覧に
なったものと 柄の出方が異なる場合がございます。
恐縮ですが、これはカタログに記載しておりますし、
●月●日にメールにてお問い合わせいただいた
際にもご説明させていただいたかと存じます。

そのため、当方では
ご承知のうえでのご発注と存じておりました。
本来は不良品以外の商品の返品はご遠慮いただ
いておりますが、
どうしてもお気に召さなければ、
今回に限り他の商品との交換に
応じさせていただきます。
ご検討のうえ、ご連絡くださいますよう
お願い申しあげます。
まずはとり急ぎ、お返事まで。

- 書状の挨拶文を使い、形式に則って感謝の気持ちを表します。
- 複数の取引がある場合、特定しやすくなります。
- 内容がクレームや交換の要請でも、連絡に対して礼を言うことで当たりがやわらかくなり、後に行う説明（釈明）も受け入れられやすくなります。
- 問題の論点をはっきりさせます。
- これがクレームの対象にはならないことの根拠を示します。
- こちらに非のないことの説得力を増します。
- 「交換に応じる」という対応策の一方で、「今回に限り」という特例を強調します。

メールの構成 / 文例 / 御礼 / 謝罪 / **説明** / 問合せ / 依頼 / 了解受諾 / 断り / 送付受領 / 祝賀 / 挨拶 / 通知 / 案内 / 抗議催促 / 見舞い / 箇条書き簡潔限定メール / メールにしづらい文書

ものの言い方［文例］辞典

| 説明メール | ◎ 荷造り不完全についての弁明 |

すっきり簡潔文例

件名：お届け商品の破損について

（株）ブンレイ　販売部　山田です。
いつもご利用いただき、ありがとうございます。

さて、お届けした商品の破損の件、
誠に申し訳ございません。

弊社では、商品の発送の際には、
十分念入りに荷造りいたしております。
今回の商品につきましても
通常と同様に梱包いたしましたので、
運搬中の事故ではないかと思われます。
詳細が判明次第、
改めてお知らせ申しあげます。

破損品の代替品は、ただちにご送付いたします。
到着は明日●月●日●時の予定です。
破損品はその際に、運賃着払いで弊社宛に
ご返送いただけると幸いです。

メールにて恐縮ですが、とり急ぎご連絡まで。

文書の流れ
- 商品破損のお詫び
- 破損事故発生の驚き
- 破損の経緯・原因説明
- 代替品発送の予定
- 破損品の処置方法
- 再度お詫び

丁寧度UP　いつもご利用いただき〜 → 「日頃の感謝を表す（丁寧な）挨拶」(P.192)を使用。

丁寧度UP　お届けした商品の破損の件 → ●月●日に〜あったとのこと

インパクトUP　指摘に驚いた一文を追加。

丁寧度UP　指摘メールをもらったことに対する詫びを追加。

インパクトUP　発送時の荷造りについて具体的に表現。

丁寧度UP　現状でわかっている情報を伝える。

丁寧度UP　お詫びの言葉を追加。

用法memo　詳細が判明する前に、弁明かたがた再発送を知らせることを優先する場合には簡潔メールが有効です。

関連 📧 P.38 不良品送付に対するお詫び

じっくり 丁寧 文例

件名：お届け商品の破損について

(株)ブンレイ　販売部　山田です。
格別のご愛顧を賜り、厚くお礼申しあげます。

さて、●月●日にご注文いただいた商品について、
お届けした商品に破損があったとのこと、
誠に申し訳ございません。
（ご指摘のメールを頂戴しまして、大変驚きました。）
（お手数をおかけして、大変恐縮しております。）

弊社では、商品の発送の際には、
（検品・梱包について複数人が確認を行う
システムをとっており、）
十分念入りに荷造りいたしております。
今回の商品につきましても通常と同様に梱包いたし
ましたので、運搬中の事故ではないかと思われます。
（早速運送会社に問い合わせたところ、
詳細は不明とのことですが
途中荷物を落下させた可能性があるとのこと。）
詳細が判明次第、改めてお知らせ申しあげます。

破損品の代替品は、ただちにご送付いたします。
到着は明日●月●日●時の予定です。
破損品はその際に、運賃着払いで弊社宛にご返送い
ただけると幸いです。

（いずれにいたしましても、
ご迷惑をおかけして申し訳ありませんでした。）
今後とも、なにとぞよろしくお願いいたします。
メールにて恐縮ですが、お詫びかたがたお知らせまで。

- 少し形式的な印象なりますが、より丁寧な感じを与える表現を使います。
- くどい感じがする半面、丁重に対応したいという気持ちを表わせます。
- 「そんなことがあるなんて」と、とまどいを表現するだけでなく、後の「十分念入りに荷造り」していたことを裏付けます。
- 手数をかけたことをを詫びるとより丁寧です。
- 具体的に表現することで、「念入りに荷造り」していることの信憑性が増します。
- 原因究明に動いていることを相手に伝えます。一方で中途半端すぎる情報は、混乱の元になることもあるので注意が必要です。
- 原因が判明していなくても、相手が被った迷惑に対して詫びることで誠実さを示します。

もの言い方［文例］辞典

説明メール ◎商品返品に対する弁明

文書の流れ
- 連絡（抗議）を受けたことの確認
- お返品についてのお詫び
- 説明（釈明）する意志表明
- 返品に至るまでの経緯・弁明
- 了承のお願い

すっきり簡潔 文例

件名：「●●（商品名）」返品についてのご説明

（株）ブンレイ　販売部　山田です。
いつもご利用いただき、ありがとうございます。

> **フォーマル度UP**
> いつもご利用いただき〜 →
> 「日頃の感謝を表す（丁寧な）挨拶」（P.192）を使用。

商品「●●」の返品の件で ご抗議をいただき、
誠に恐縮しております。申し訳ありません。

> **フォーマル度UP**
> ご抗議をいただき →
> ご抗議の由、承りました

少々行き違いがあったように思いますので、
改めて説明申しあげます。

> **+α 丁寧度UP**
> 逆接の接続詞、しかしながら を追加。

実は、「●●」を納品いただいた●日後に、
背面開口部の開閉がスムーズに行えないものが
含まれていることが判明しました。

> **丁寧度UP**
> 連絡をとった相手を明示。

その際、貴社に ご連絡させていただきましたが、
善後策が講じられないまま
●週間経過いたしました。

> **+α 丁寧度UP**
> 遠因となっていることの具体例を示す。

そのため やむを得ず、
返品の措置をとらせていただいた次第です。

> **インパクトUP**
> そのため →
> 弊社といたしましては〜ので

> **+α**

誠に恐れ入りますが、
何とぞ事情ご賢察のうえ、
あしからずご了承賜りたくお願い申しあげます。

> **丁寧度UP**
> 連絡なしの返品に対する説明をさらに追加。

メールにて恐縮ですが、とり急ぎお返事まで。

54　ものの言い方［文例］辞典

関連 ✉ P.172 納入商品の欠陥に対する抗議

じっくり 丁寧 文例

件名：「●●（商品名）」返品についてのご説明

(株) ブンレイ　販売部　山田です。
格別のご愛顧を賜り、厚くお礼申しあげます。

商品「●●」の返品の件で、ご抗議の由、承りました。
誠に恐縮しております。申し訳ありません。
しかしながら、
少々行き違いがあったように思いますので、
改めて説明申しあげます。

実は、「●●」を納品いただいた●日後に、
背面開口部の開閉がスムーズに行えないものが
含まれていることが判明しました。
その際、貴社の営業部のご担当●●様に
ご連絡させていただきましたが、
長期の海外出張で留守にされ、
善後策が講じられないまま●週間経過いたしました。

弊社といたしましては、このまま
当該商品を販売することはできませんので、
やむを得ず、返品の措置をとらせていただいた次第です。
本来であれば担当の方にご連絡したうえで
返品すべきところでしたが、ご不在でしたので、
書状を同梱のうえ、返品させていただきました。

誠に恐れ入りますが、
何とぞ事情ご賢察のうえ、
あしからずご了承賜りたくお願い申しあげます。

メールにて恐縮ですが、とり急ぎお返事まで。

- 書状の挨拶文を使い、形式に則って感謝の気持ちを表します。
- いったん文を区切り、かしこまった感じを出します。後に直接続けるよりも、抗議を「受け止めた」という感じを強調できます。
- 後に続く釈明にスムーズにつなげます。また、これが「お詫び」のみのメールではないことをにおわすことができます。
- 誤解を解くために有効であれば、より詳しい窓口を記したほうが話がスムーズです。
- 相手の事情も含めて、より具体的な情報を含めてより丁寧に経緯を説明します。
- 事情を具体的に示すと、相手を納得させるのに役立ちます。一方で、およそ想像つく内容であれば、代名詞で代用したほうが、簡潔になります。
- やむを得ずとった処置であることを丁寧に伝えます。

もの言い方 [文例] 辞典

| 説明メール | ◎ 商品発売遅延についての弁明

文書の流れ

- 発売延期のお知らせ
- 理由の説明
- 発売の予定・告知方法
- 延期についてお詫び
- 了承のお願い

すっきり簡潔 文例

件名：「●●（商品名）」発売延期のお知らせ

（株）ブンレイ　広報担当　山田です。

お世話になっております。

さて、このたび●月●日に発売を
予定しておりました「●●」ですが、
発売を延期させていただくことになりました。

●日の出荷を目指して準備を進めてまいりましたが、
諸般の都合により、
予定を変更せざるを得ない状況になりました。

現在発売日は未定となっておりますが、
詳細が決定次第、
お知らせいたします。
発売を お待ちいただいている 皆様、
関係者の方々には大変申し訳ありませんが、
いましばらくの間、お待ちいただければと存じます。
なにとぞ、ご理解及びご了承のほど、
お願い申しあげます。

メールにて恐縮ですが、
とり急ぎお知らせまで。

フォーマル度 UP
お世話になっております→
「日頃の感謝を表す（丁寧な）挨拶」(P.192)を使用。

丁寧度 UP
諸般の都合により →
商品の〜となったため

丁寧度 UP ≪+α
発表方法を具体的に明記。

オリジナル度 UP
お待ちいただいている →
いまかいまかと心待ちにされている

インパクト UP
なにとぞ →
誠に恐れ入りますが、何とぞ事情ご賢察のうえ

関連 ✉ P.162 製品発表会の案内

じっくり 丁寧 文例

件名：「●●（商品名）」発売延期のお知らせ

（株）ブンレイ　広報担当　山田です。
日頃は格別のご愛顧を賜り、
厚くお礼申しあげます。

さて、このたび●月●日に発売を
予定しておりました「●●」ですが、
発売を延期させていただくことになりました。

●日の出荷を目指して準備を進めてまいりましたが、
商品の最終確認において、
性能及び堅牢性について改善が必要となったため、
予定を変更せざるを得ない状況になりました。

現在発売日は未定となっておりますが、
詳細が決定次第、
（ メールでご案内させていただくほか、
新聞各紙、雑誌、弊社ホームページなどで ）
お知らせいたします。

発売を、いまかいまかと心待ちにされている皆様、
関係者の方々には大変申し訳ありませんが、
いましばらくの間、お待ちいただければと存じます。

誠に恐れ入りますが、何とぞ事情ご賢察のうえ、
ご理解及びご了承のほどお願い申しあげます。

メールにて恐縮ですが、とり急ぎお知らせ申しあげます。

書状の挨拶文を使い、形式に則って感謝の気持ちを表します。
あらたまった発表にふさわしい感じにします。

詳細が示せない場合は、「諸般の都合により」が万能フレーズです。 具体的に示すと、相手の理解は深まります。例としては、
「品質向上に予定以上の時間を必要としているため」
「編集上の都合により」
「開発作業の遅延により」
「部材調達の遅れにより」
など。

延期になった発売日をどのような手段で知ることができるのか、具体的に示すと親切です。

発売を待っている人に対してオリジナルな呼びかけをすることでその気持ちを汲んでいることを伝えます。

こちらの事情の「やむを得なさ」を、理解してもらうための呼びかけを強くします。

メールの構成 / 文例（御礼／謝罪／**説明**／問合せ／依頼／了解受諾／断り／送付受領／祝賀／挨拶／通知／案内／抗議催促／見舞い）／簡潔限定・箇条書きメール／メールにしづらい文書

ものの言い方［文例］辞典　57

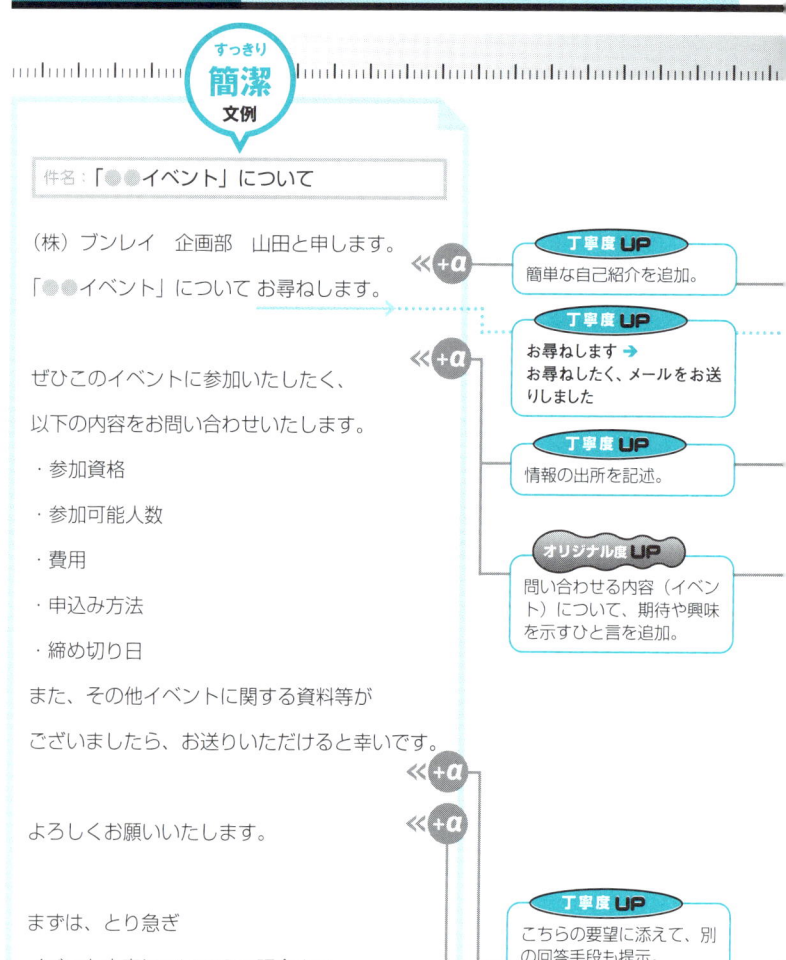

問合せメール ◎イベントについての問い合わせ

文書の流れ

- 照会(問い合わせ)の目的
- イベントを知った経緯
- 照会内容一覧
- 資料送付のお願い

すっきり簡潔文例

件名：「●●イベント」について

（株）ブンレイ　企画部　山田と申します。
「●●イベント」について お尋ねします。

ぜひこのイベントに参加いたしたく、
以下の内容をお問い合わせいたします。

・参加資格
・参加可能人数
・費用
・申込み方法
・締め切り日

また、その他イベントに関する資料等が
ございましたら、お送りいただけると幸いです。

よろしくお願いいたします。

まずは、とり急ぎ
イベント内容についてのご照会まで。

丁寧度UP
簡単な自己紹介を追加。

丁寧度UP
お尋ねします → お尋ねしたく、メールをお送りしました

丁寧度UP
情報の出所を記述。

オリジナル度UP
問い合わせる内容（イベント）について、期待や興味を示すひと言を追加。

丁寧度UP
こちらの要望に添えて、別の回答手段も提示。

丁寧度UP
恐縮するひと言を追加。

関連 ✉ P.110 カタログ・資料送付の連絡

じっくり 丁寧 文例

件名：「●●イベント」について

（株）ブンレイ　企画部　山田と申します。
初めまして。イベント開発の担当をしております。
「●●イベント」について、お尋ねしたく、
メールをお送りしました。

●●ニュースのニュース記事で、
●月●日に開かれる「●」の記事を拝見しました。

大変心ひかれるイベントで
社内でも評判になっています。
ぜひこのイベントに参加いたしたく、
以下の内容をお問い合わせいたします。

・参加資格
・参加可能人数
・費用
・申込み方法
・締め切り日

また、その他イベントに関する資料等が
ございましたら、お送りいただけると幸いです。
資料に代わるWebサイトがありましたら、
そちらをお教えいただければ結構です。

ご多忙中お手数をおかけしますが、
よろしくお願いいたします。

まずは、とり急ぎイベント内容についてのご照会まで。

- 初めての人に問い合わせる場合、どんな立場で尋ねているか相手が理解する手助けになります。
- より丁寧な印象になります。前者は事務的ですが、文面はすっきりします。
- 何を見て問い合わせたかは、多くの主催者にとって関心事です。親切な回答にもつながります。
- ひやかしや事務的な問い合わせ以上の、高い関心があることを印象づけます。
- 相手を気遣っていることを伝えます。
- 形式的ですが、気遣いが表現できます。

ものの言い方［文例］辞典　59

問合せメール ◎商品在庫の問い合わせ

文書の流れ
- 在庫の照会
- 在庫有無に応じてさらに照会（納品の可否、入荷予定など）
- 照会の意図説明
- 返事のお願い
- 照会内容（商品名、希望納期など）

すっきり簡潔文例

件名：商品在庫のお問い合わせ

（株）ブンレイ　販売部　山田と申します。

お世話になっております。

さっそくですが、

現在、貴社に下記商品の在庫が

ございますでしょうか。

在庫がある場合は、下記の数量、納期で

至急手配していただけるか否かを、

品切れの場合は、今後の入荷予定を、

教えていただきたくお願いいたします。

恐れ入りますが　至急お調べのうえ、

お返事をいただけると幸いです。

まずは、とり急ぎご照会まで。

記 -----------------------------
商品名：
　1　●●●●（型番 xxx）
　2　●●●●●●（型番 xxx）
納期：●月●日
数量：各50

フォーマル度UP
お世話になっております→
「日頃の感謝を表す（丁寧な）挨拶」（P.192）を使用。

丁寧度UP
さっそくですが→
下記の商品について、お尋ねいたします

丁寧度UP
相手にお願いする対応を、1文でコンパクトに記述→2文に分けた丁寧な記述に変更。

オリジナル度UP
在庫を問い合わせる商品の売れ行き・評判についてひと言。

丁寧度UP
返答をお願いする前に、「恐縮」をより強調するひと言を追加。

ものの言い方［文例］辞典

じっくり
丁寧
文例

件名：**商品在庫のお問い合わせ**

(株) ブンレイ　販売部　山田と申します。
平素は格別のお引き立てを賜り厚くお礼申しあげます。

下記の商品について、お尋ねいたします。
現在、貴社にこちらの商品の在庫が
ございますでしょうか。
在庫がございます場合、
こちらを下記の数量、納期で
至急手配していただくことは可能でしょうか。
品切れの場合、今後の入荷の予定を
教えていただきたくお願いいたします。

実は、先日貴社より仕入れましたこの商品が、
●●で大変好評です。
当初の予想以上に売れ行きをのばしており、
さらに大量の注文を受けております。
ご多忙中大変恐れ入りますが、至急お調べのうえ、
お返事をいただきたくお願い申しあげます。

まずは、とり急ぎご照会まで。

記 -
商品名：
　1　●●●●（型番 xxx）
　2　●●●●●●（型番 xxx）
納期：●月●日
数量：各50

書状の挨拶文を使い、形式に則って感謝の気持ちを表します。

丁寧な印象にすると同時に1文目で「問い合わせ（照会）」という用件を伝えます。

2文に分けて適度に改行しながら尋ねることで、ケースごとに必要な対応をわかりやすくします。

評判や売れ行きは重要な情報で、問い合わせに快く回答してもらえることにもつながります。

「至急」お願いしたい場合はとくに、より大きく恐縮の意を表しておくと丁寧です。

ものの言い方［文例］辞典

問合せメール ◎注文後未着の商品についての問い合わせ

文書の流れ: 未着の報告 ▼ 送付通知などの経緯の説明 ▼ 商品の用途など緊急性の訴え ▼ 調査のお願い ▼ 行き違いに備えてのことわり

すっきり簡潔文例

件名：注文商品の未着について

（株）ブンレイ　販売部　山田です。
お世話になっております。

さっそくですが、
●月●日に注文いたしました以下の商品が、
本日まで到着しておりません。
送付の通知は●月●日にいただき、
その際の納品予定日は●月●日になっております。

ご多忙中お手数ですが、至急お調べのうえ、
折り返しご返事をいただきたく
お願い申しあげます。

まずは、とり急ぎ未着商品のご照会まで。

記 ------------------------------
商品名：
　1　●●●●（型番 xxx）
　2　●●●●●●（型番 xxx）
納期：●月●日
数量：各50

フォーマル度 UP
お世話になっております →
「日頃の感謝を表す（丁寧な）挨拶」（P.192）を使用。

丁寧度 UP
さっそくですが →
下記の商品について、お尋ねいたします

《+α オリジナル度 UP
問い合わせる商品の用途などを記述。

オリジナル度 UP
納期が遅れた場合の対応などを記述。

《+α 丁寧度 UP
行き違いの場合の対応、ことわりをひと言。

関連 ✉ P.34 納期遅延に対するお詫び、P.48 納品遅延についての弁明

じっくり 丁寧 文例

件名：**注文商品の未着について**

（株）ブンレイ　販売部　山田です。
平素は格別のお引き立てを賜り厚くお礼申しあげます。

下記の商品について、お尋ねいたします。
●月●日に注文いたしました以下の商品が、
本日（●月●日）まで到着しておりません。
送付の通知は●月●日にいただき、
その際の納品予定日は●月●日になっております。

当社では、こちらの商品を
●月●日からのイベントにおいて
使用する予定になっております。

間に合わない場合は、
急きょ代替品を用意する必要がありますので、
早急にご手配くださいますよう、
お願いいたします。

まずは、ご多忙中お手数ですが 至急お調べのうえ、
折り返しご返事をお願いします。

とり急ぎ未着商品のご照会まで。
なお、行き違いに商品が到着した場合には、
すぐにご連絡いたします。

記 -
（以下「簡潔文例」と同じ）

- 書状の挨拶文を使い、形式に則って感謝の気持ちを表します。
- 丁寧な印象と同時に1文目で「問い合わせ（照会）」という用件がわかるようにします。
- 未着商品の必要性・緊急性を強調します。
- 納期確認の必要性・緊急性を強調します。
- メール送信後すぐに商品が到着する可能性もあるので、相手の気を悪くしないようにフォローしておきます。

【サイドタブ】メールの構成／文例／御礼／謝罪／説明／**問合せ**／依頼／了解受諾／断り／送付受領／祝賀／挨拶／通知／案内／抗議催促／見舞い／メール簡潔書き箇条書き限定／メールにしづらい文書

ものの言い方［文例］辞典　63

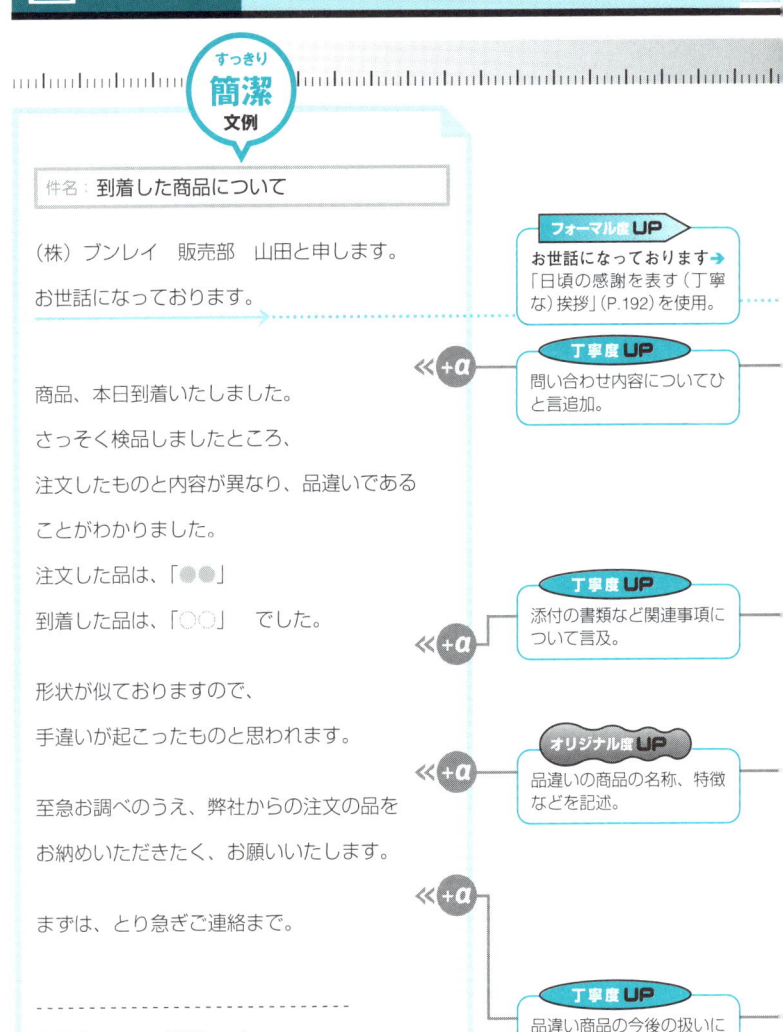

| 問合せメール | ◎届いた商品の品違いについての問い合わせ

文書の流れ: 着荷のお知らせ ▼ 品違いの報告 ▼ 品違い商品の説明・原因の推理 ▼ 再送付のお願い ▼ 交換のお願い

すっきり簡潔文例

件名：到着した商品について

（株）ブンレイ　販売部　山田と申します。
お世話になっております。

> **フォーマル度 UP**
> お世話になっております→「日頃の感謝を表す（丁寧な）挨拶」（P.192）を使用。

商品、本日到着いたしました。
さっそく検品しましたところ、
注文したものと内容が異なり、品違いである
ことがわかりました。

> **丁寧度 UP** +α
> 問い合わせ内容についてひと言追加。

注文した品は、「●●」
到着した品は、「○○」　でした。

> **丁寧度 UP** +α
> 添付の書類など関連事項について言及。

形状が似ておりますので、
手違いが起こったものと思われます。

> **オリジナル度 UP** +α
> 品違いの商品の名称、特徴などを記述。

至急お調べのうえ、弊社からの注文の品を
お納めいただきたく、お願いいたします。

まずは、とり急ぎご連絡まで。

> **丁寧度 UP** +α
> 品違い商品の今後の扱いについて言及。

商品名：●●（型番 xxx）
納　期：●月●日
数　量：各50

関連 ✉ P.36 発送した商品の品違いに対するお詫び、P.170 納入商品の品違いに対する抗議

じっくり 丁寧 文例

件名：到着した商品について

(株) ブンレイ　販売部　山田と申します。
平素は格別のお引き立てを賜り厚くお礼申しあげます。

先日注文いたしました下記の商品について、
お尋ねいたします。
商品、本日到着いたしました。
さっそく検品しましたところ、注文したものと内容
が異なり、品違いであることがわかりました。
注文した品は、「●●」
到着した品は、「○○」　でした。
なお、添付の納品書には、
注文通りの「●●」と記載されています。

形状が似ておりますので、
手違いが起こったものと思われます。
サンプルを拝見して注文した「●●」は、
ポケットが3つでしたが、
到着した商品「○○」はポケットが2つでした。

至急お調べのうえ、弊社からの注文の品を
お納めいただきたく、お願いいたします。

なお、品違いの商品は、弊社にて一時保管して
おきます。品違いのためお引き取りいただきたく、
ご連絡をお待ちしております。

まずは、とり急ぎご連絡まで。

(以下「注文内容」など)

- 書状の挨拶文を使い、形式に則って感謝の気持ちを表します。
- 丁寧な印象すると同時に1文目で「問い合わせ（照会）」という用件を伝えます。
- 納品書等が添付されている場合は、その記載内容を示すことで経緯を判明する手がかりになります。
- 手違い、誤りの内容を相手により詳しく伝えます。
- 回収方法は相手から連絡があると思われますが、ひと言触れることで、相手の手配もれが防げて親切です。

ものの言い方[文例]辞典　65

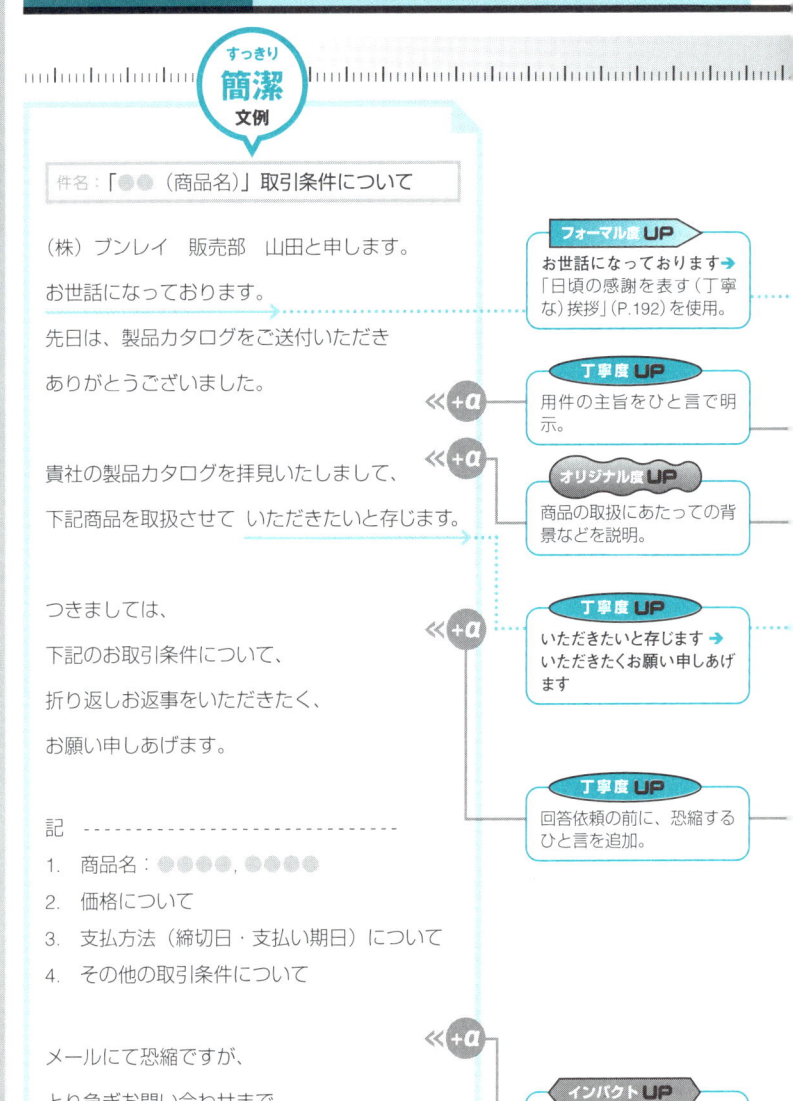

問合せメール ◎取引条件についての問い合わせ

文書の流れ
関連の事柄に言及（直近出来事のお礼など）▼ 取引の意向表明（+その理由）▼ 取引条件の照会 ▼ 照会内容一覧 ▼ 今後の予定

すっきり簡潔 文例

件名：「●●（商品名）」取引条件について

（株）ブンレイ　販売部　山田と申します。
お世話になっております。
先日は、製品カタログをご送付いただき
ありがとうございました。

貴社の製品カタログを拝見いたしまして、
下記商品を取扱させて いただきたいと存じます。

つきましては、
下記のお取引条件について、
折り返しお返事をいただきたく、
お願い申しあげます。

記 -
1. 商品名：●●●●，●●●●
2. 価格について
3. 支払方法（締切日・支払い期日）について
4. その他の取引条件について

メールにて恐縮ですが、
とり急ぎお問い合わせまで。

フォーマル度 UP
お世話になっております→「日頃の感謝を表す（丁寧な）挨拶」（P.192）を使用。

丁寧度 UP
用件の主旨をひと言で明示。

オリジナル度 UP
商品の取扱にあたっての背景などを説明。

丁寧度 UP
いただきたいと存じます → いただきたくお願い申しあげます

丁寧度 UP
回答依頼の前に、恐縮するひと言を追加。

インパクト UP
返答後の予定などについて言及。

ものの言い方［文例］辞典

関連 ✉ P.70 商品カタログ送付の依頼、P.88 新規取引の受諾、P.110 カタログ・資料送付の連絡

じっくり 丁寧 文例

件名:「●●(商品名)」取引条件について

(株)ブンレイ 販売部 山田と申します。
平素は格別のお引き立てを賜り厚くお礼申しあげます。

先日は、製品カタログをご送付いただき
ありがとうございました。
製品のお取引条件についておうかがいします。

弊社では、事業の拡張にともない、
●●方面の取扱商品の拡大を計画しております。
貴社の製品カタログを拝見いたしまして、下記商品
を取扱させて いただきたくお願い申しあげます。

つきましては、
お忙しいところ大変恐縮ですが、
下記のお取引条件について、
折り返しお返事をいただきたく、お願い申しあげます。

記 --------------------------------
1. 商品名:●●●●, ●●●●
2. 価格について
3. 支払方法(締切日・支払い期日)について
4. その他の取引条件について

なお、お返事をいただけましたら、
改めて弊社の担当者を伺わせたいと存じます。

メールにて恐縮ですが、とり急ぎお問い合わせまで。

- 書状の挨拶文を使い、形式に則って感謝の気持ちを表します。
- 長文メールの場合、冒頭で用件をはっきりさせると親切です。
- 単に照会のメールにとどまらず、おつきあいを意識した文面にします。
- 取引をお願いするのか、すでに取引を前提としているのか、相手との関係(立場の強弱)において書き分けます。
- より丁寧に依頼することで、スムーズな回答につなげます。
- すぐに出向く意向を示して積極的な姿勢をアピール、迅速な返答を促します。

ものの言い方[文例]辞典

問合せメール ◎見積りの返事についての問い合わせ

文書の流れ: 見積り依頼へのお礼 ▼ 見積りの回答について照会 ▼ 注文のお願い（用命）▼ 行き違い時のお詫び

すっきり簡潔 文例

件名：「●●（商品名）」のお見積りについて

（株）ブンレイ　販売企画部　山田と申します。
いつも大変お世話になっております。

先日は、見積りのご依頼、
ありがとうございました。

●月●日付でお送りしました当該の見積りですが、
いかがなりましたでしょうか。
お問い合わせいたします。 《+α

ご不明、ご不満の点などございましたら、
ぜひお申しつけください。 《+α
改めまして、ご注文をお待ちしております。

なお行き違いにお返事をいただいておりました
場合は、ご容赦ください。

メールにて恐縮ですが、
とり急ぎお問い合わせまで。

フォーマル度UP
いつも大変お世話になっております➔「日頃の感謝を表す（丁寧な）挨拶」（P.192）を使用。

丁寧度UP
見積りの依頼内容を簡単に追加。

丁寧度UP
見積りの検討結果をより慎重に照会。

丁寧度UP
交渉の余地がある旨を追加。

用法memo：催促がましくならないように、丁寧に問い合わせます。

関連 ✉ P.72 見積りの依頼、P.106 見積り送付の連絡

じっくり 丁寧 文例

件名：「●●（商品名）」のお見積りについて

（株）ブンレイ　販売企画部　山田と申します。
いつもご利用いただき、心からお礼申しあげます。

先日は、「●●●」の見積りをご依頼いただき、
ありがとうございました。

●月●日にお送りいたしました、当該の見積りですが、
その後ご検討いただけましたでしょうか。

　そろそろお返事をいただける頃かと思い、
　大変ぶしつけながら、
　問い合わせさせていただきました。

ご不明、ご不満の点などございましたら、
ぜひお申しつけください。
　できるだけご要望に沿えるよう
　努力したいと存じます。
改めまして、ご注文をお待ちしております。

なお行き違いにお返事をいただいておりました場合
は、なにとぞご容赦ください。

メールにて恐縮ですが、とり急ぎお問い合わせまで。

- 書状の挨拶文を使い、形式に則って感謝の気持ちを表します。相手との関係に応じた挨拶文にします。

- 複数の案件がある場合などは、用件を明確にする必要があります。

- 「検討」および「返事」を2つに分けて問い合わせ、「返事の催促」という印象を薄くします。「大変ぶしつけながら」を挟み込むことで、より丁重な問い合わせに。

- 値引き等に応じる余地がある場合は、「要望に沿える」ことをつけ加え、可能性を広げます。

メールの構成

文例
- 御礼
- 謝罪
- 説明
- **問合せ**
- 依頼
- 了解受諾
- 断り
- 送付受領
- 祝賀
- 挨拶
- 通知
- 案内
- 抗議催促
- 見舞い

箇条書き簡潔限定メール

メールにしづらい文書

ものの言い方［文例］辞典　69

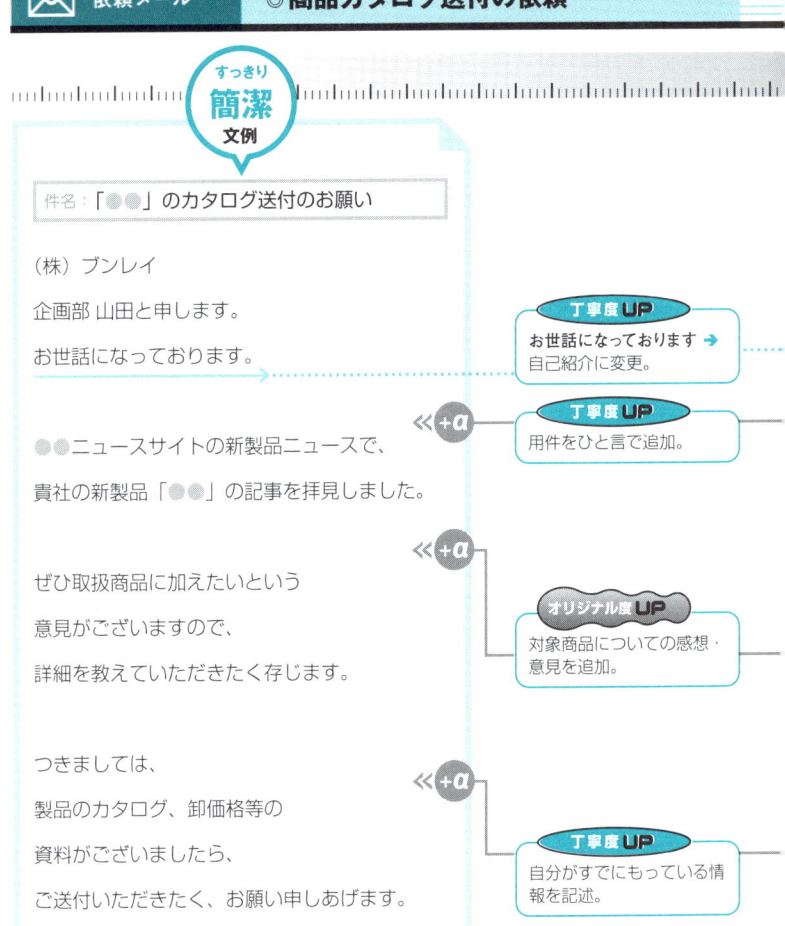

依頼メール ◎商品カタログ送付の依頼

文書の流れ

対象商品を知った経緯 ▼ 商品への興味・関心 ▼ 取扱商品に加えたい意向 ▼ カタログ・資料送付のお願い

すっきり簡潔文例

件名:「●●」のカタログ送付のお願い

（株）ブンレイ

企画部 山田と申します。

お世話になっております。 → **丁寧度UP** お世話になっております → 自己紹介に変更。

+α **丁寧度UP** 用件をひと言で追加。

●●ニュースサイトの新製品ニュースで、

貴社の新製品「●●」の記事を拝見しました。

+α **オリジナル度UP** 対象商品についての感想・意見を追加。

ぜひ取扱商品に加えたいという

意見がございますので、

詳細を教えていただきたく存じます。

つきましては、

+α **丁寧度UP** 自分がすでにもっている情報を記述。

製品のカタログ、卸価格等の

資料がございましたら、

ご送付いただきたく、お願い申しあげます。

+α **丁寧度UP** 依頼の前に、恐縮するひと言を追加。

よろしくお願いいたします。

70　ものの言い方［文例］辞典

関連 ✉ P.18 資料貸し出し・送付に対するお礼、P.110 カタログ・資料送付の連絡

じっくり 丁寧 文例

件名：「●●」のカタログ送付のお願い

（株）ブンレイ
企画部 山田と申します。
初めまして。●●系製品の販売代理店の
仕入担当をしております。

貴社製品「●●」についてお尋ねしたく、
メールをお送りしました。

●●ニュースサイトの新製品ニュースで、
貴社の新製品「●●」の記事を拝見しました。

独創的な大変おもしろい製品で、
弊社社内でも評判になっています。
ぜひ取扱商品に加えたいという意見がございます
ので、詳細を教えていただきたく存じます。

概要については、貴社のWebサイトで
拝見いたしました。
さらに詳細な
製品のカタログ、卸価格等の資料がございましたら、
ご送付いただきたく、お願い申しあげます。

お忙しいところお手数をおかけしますが、
よろしくお願いいたします。

- 初めてメールを送る場合は、簡単な自己紹介を加えて立場を明確にしておくと、その後の話をスムーズに進めるのに役立ちます。
- メールが長くなる場合には、主旨を最初にまとめておくと、相手に伝わりやすくなります。
- 事務的な問い合わせではなく、興味をもっていることを相手に伝え、印象に残るようにします。
- 相手が提供できる情報が多い場合に、その取捨選択に役立ちます。
- より丁重なお願いにして、スムーズな対応につなげます。

ものの言い方［文例］辞典

依頼メール ◎見積りの依頼

すっきり簡潔 文例

件名:「●●●(商品名)」見積りのお願い

(株)ブンレイ

企画部 山田と申します。

先日は、製品カタログをお送りいただき、

ありがとうございました。

> **丁寧度 UP** +α
> 形式的な挨拶文を追加。

購入を検討しておりますので、以下の内容で

至急見積書を ご送付ください。

> **オリジナル度 UP** +α
> 購入検討の背景・理由を記述。

1. 商品名:「●●●」
2. 数 量:10台
3. 納品日:●月●日

> **丁寧度 UP**
> ご送付ください →
> 送付いただきたく、お願いいたします

まずは、とり急ぎ お願いいたします。

> **丁寧度 UP**
> まずは、とり急ぎ〜 →
> お忙しいところ〜

文書の流れ
- 関連の事柄に言及(直近出来事のお礼など)
- 商品への関心など
- 購入の意向
- 見積りのお願い
- 見積りの内容

用法 memo
依頼内容がはっきりわかるように、要点を簡潔にまとめます。商品の利点についてひと言添えることが、相手の協力度に影響するかもしれません。

関連 P.68 見積りの返事についての問い合わせ、P.98 仕事（見積り）の依頼を断る、P.106 見積り送付の連絡

じっくり 丁寧 文例

件名：「●●●（商品名）」見積りのお願い

（株）ブンレイ
企画部 山田と申します。
お世話になっております。
先日は、製品カタログをお送りいただき、
ありがとうございました。

弊社では、社内の●●●を一新することを
計画しております。
貴社製の「●●●」は、
耐久性・汎用性にすぐれているとの由、
うかがいました。

購入を検討しておりますので、
以下の内容で至急見積書を、送付いただきたく、
お願いいたします。

1. 商品名：「●●●」
2. 数　量：10台
3. 納品日：●月●日

お忙しいところお手数をおかけしますが、よろしく
お願いいたします。

- そっけなくなりがちな依頼メールをわずかでも丁寧に感じらるようにします。丁寧すぎる挨拶文は、かえって不自然になるためこのくらいが無難。

- 相手の製品をほめることで、回答が早くなるほか、要望を考慮したその他の提案が得られるかもしれません。

- より丁寧に「お願い」している感じにします。

- より丁寧に「お願い」している感じにします。一方で、簡潔に締めくくる挨拶文を使うと、「至急」度が強調される効果も。

ものの言い方[文例]辞典　73

依頼メール ◎商品モニターアンケートの依頼

文書の流れ
アンケート実施のお知らせ ▼ アンケートの目的 ▼ モニター登録のお願い ▼ 詳細案内（URL）

すっきり簡潔文例

件名：「●●（商品名）」モニターアンケートのお願い

（株）ブンレイ　企画部　山田と申します。
いつもご利用いただき、ありがとうございます。

弊社では、このたび
モニターアンケートを実施させていただくこと
になりました。
モニター登録していただいたお客様にサンプル
を郵送し、その使用感、品質、価格等について
うかがいます。

つきましては、下記URLのページから
モニター登録いただき、
ぜひともアンケートにご協力いただきたく、
お願い申しあげます。
http://www.xxxxxxxxxxx/

ご協力いただいた方には、
粗品を贈らせていただきます。
ご登録を心からお待ちいたしております。

インパクトUP
いつもご利用〜 →
平素は弊社製品をご愛用〜

丁寧度UP
このたび →
お客様の〜

«+α インパクトUP
目的を改めて記述。

«+α オリジナル度UP
アンケートに答えてほしい
ターゲットについて記載。

«+α 丁寧度UP
受付期間、謝礼に関しての
記述を追加。

用法memo　詳細はWebページに記載している前提で、用件を伝えることに徹する場合には、簡潔メールが有効です。

関連 ✉ P.162 製品発表会の案内

じっくり丁寧 文例

件名：「●●（商品名）」モニターアンケートのお願い

（株）ブンレイ　企画部　山田と申します。
平素は弊社製品をご愛用いただき
ありがとうございます。

弊社では、お客様のお声を反映し、
よりニーズにあった製品づくりをすべく、
モニターアンケートを実施させていただくことに
なりました。
モニター登録していただいたお客様にサンプルを
郵送し、その使用感、品質、価格等について、
うかがいます。
その貴重なご意見・ご批判を商品改良に
活かしたいと存じます。

とくに、鋭い選択眼をお持ちである
コスメフリークの方々の、
厳しくも斬新なご意見を賜りたいと存じます。

つきましては、下記URLのページから
モニター登録いただき、
ぜひともアンケートにご協力いただきたく、
お願い申しあげます。
http://www.xxxxxxxxxxxx/

詳細は同ページに記載いたしましたが、
登録受付期間は●月●日〜●日、
ご協力いただいた方には、
粗品を贈らせていただきます。
ご登録を心からお待ちいたしております。

- 購入者というよりも、製品を使用する愛用者というニュアンスを強く伝えます。
- 相手の利益にもつながるように、アンケートの目的を説明することで協力を仰ぎます。
- アンケートの目的、実施する意義をさらに強調します。
- 相手の自尊心をくすぐるような書き方で、積極的な協力を促します。
- 詳細がWebページに記載されている場合でも、参加者にとって重要なポイントは簡単にまとめておきます。

もののの言い方［文例］辞典

依頼メール　◎工場見学の依頼

文書の流れ

- 工場見学のお願い
- 見学したい理由・見学の意図
- 人数・日時など
- 検討のお願い

すっきり簡潔 文例

件名：工場見学のお願い

（株）ブンレイ　企画部　山田と申します。

いつも大変お世話になっております。

本日は、工場見学のお願いで

ご連絡いたしました。

営業社員研修の一環として

貴社の工場を見学させていただきたく、

お願い申しあげます。

以下の要領で計画しております。

・希望日時　2005年●月●日　●時～●時

・希望場所　●●工場

・人　　数　●名

ご了承いただけるようでしたら、

日程その他についてご指定いただければ幸いです。

ご多忙中のところ恐縮ですが、

なにとぞよろしくお願い申しあげます。

フォーマル度 UP
いつも大変お世話になっております ➔「日頃の感謝を表す（丁寧な）挨拶」（P.192）を使用。

丁寧度 UP
工場見学のお願いで ➔ 貴社の工場を見学させていただきたく

オリジナル度 UP
自社と相手との関係、依頼の目的などに言及。

丁寧度 UP
依頼にいたった理由・経緯を説明。

丁寧度 UP
問いかけのひと言。

用法 memo　相手がこちらとの関係を理解していることが前提の場合や、すでに工場見学を行ったことがある場合などは、簡潔な文例で要点のみ伝えます。

じっくり 丁寧 文例

件名：**工場見学のお願い**

（株）ブンレイ　企画部　山田と申します。
平素はひとかたならぬお引き立てを賜り、
厚くお礼申しあげます。
本日は、貴社の工場を見学させていただきたく、
ご連絡いたしました。

現在弊社では、営業社員が貴社製品の販売に
あたらせていただいておりますが、
より一層円滑な販売活動を行うために、
生産過程を理解し、商品知識を身につけること
が重要と考えております。

それには、営業社員研修の一環として、
貴社の工場を見学させていただくのが最適と考え、
お願い申しあげる次第です。

以下の要領で計画しております。
・希望日時　2005年●月●日　●時〜●時
・希望場所　●●工場
・人　　数　●名

貴社のご都合はいかがでしょうか。
ご了承いただけるようでしたら、
日程その他についてご指定いただければ幸いです。

ご多忙中のところ恐縮ですが、
なにとぞよろしくお願い申しあげます。

- 書状の挨拶文を使い、形式に則って感謝の気持ちを表します。
- よりへりくだった言い方になります。初めての依頼やつきあいの浅い相手に依頼する場合に使います。
- どのような理由で依頼されたのか伝え、相手の理解を深めます。
- 相手が納得して承諾してくれるように、流れを作ります。
- 一方的に希望を述べるだけでなく、相手の都合を配慮していることを表します。

もの言い方［文例］辞典

依頼メール　◎協賛の依頼

文書の流れ
- フェア（イベント）の案内
- イベントの趣旨
- 協賛の内容
- 協賛のメリット
- 協賛のお願い
- 詳細情報の案内

すっきり簡潔文例

件名：●●フェア協賛のお願い

●●フェア開催委員会　山田と申します。
いつも大変お世話になっております。

さて、来る●月●日〜●日、
●●フェアを開催いたします。そこで、
ご協賛を賜りたくご連絡させていただいた
次第です。

本フェアは、今年で7回目を迎え、
●●関連企業・団体の情報交換の場を提供する
という趣旨のもと　毎年開催しております。

今年も大盛況が予想される本フェアでは、
会場での商品展示、またはパンフレットへの
広告掲載という形で協賛広告を募集しております。
ぜひ、ご検討いただきたく、
なにとぞよろしくお願い申しあげます。

なお、開催概要、募集要項につきはしては、
下記ページをご参照ください。
http://www.xxxxxxxxxxxxxx/
とり急ぎ、お願い申しあげます。

フォーマル度 UP
いつも大変お世話になっております ➡ 「日頃の感謝を表す（丁寧な）挨拶」（P.192）を使用。

丁寧度 UP（+α）
イベントの概要をもう少し詳しく。

丁寧度 UP
趣旨の理解を求めるひと言を追加。

丁寧度 UP
趣旨をより丁寧に記述。

インパクト UP
やや大げさに表現。

オリジナル度 UP（+α）
イベントへの協賛のメリットを記述。

関連 ✉ P.32 寄付に対するお礼

じっくり 丁寧 文例

件名：●●フェア協賛のお願い

●●フェア開催委員会　山田と申します。
平素はひとかたならぬお引き立てを賜り、
厚くお礼申しあげます。

さて、来る●月●日～●日の3日間、
●●●会館におきまして、
第7回　●●フェアを開催いたします。そこで、
開催趣旨をご理解いただき、
ご協賛を賜りたくご連絡させていただいた次第です。

本フェアは、今年で7回目を迎え、
●●関連企業・団体のビジネス情報交換の場、●●
愛好家の集いの場を提供するという趣旨のもと
毎年盛大に開催しております。

年を追うごとにメディアへの露出がさかんになり、
今年は空前の●●ブームを受けて、より多くの
メディアで取り上げられることが予想されます。
また入場者の多くが●●フリークとして知られる
情報感度の高い層であり、フェア中の告知で
大きな広告効果が得られるものと思われます。

今年も大盛況が予想される本フェアでは、会場での
商品展示、またはパンフレットへの広告掲載という
形で協賛広告を募集しております。

（以下「簡潔文例」と同じ）

- 書状の挨拶文を使い、形式に則って感謝の気持ちを表します。
- 詳細をわざわざ確認しなくても把握できるように説明します。相手がよく承知している場合や、有名すぎるイベントの場合は不要です。
- 半ば決まり文句ですが、慎重に挨拶している感じを出します。
- いろんな立場から表現することで、相手が興味をもつ可能性が広がるかもしれません。
- 勢いをアピールします。
- 相手が興味をもつと思われるメリットを並べることで、イベント協賛を促します。相手に合わせたより具体的な表現が効果的です。

もののの言い方［文例］辞典　79

依頼メール ◎講習会講師の依頼

文書の流れ: 講習会実施のお知らせ ▼ 講師のお願い ▼ 依頼する理由（相手をたたえて）▼ 返事のお願い ▼ 要項（日時、場所など）

すっきり簡潔文例

件名：「●●」講習会 講師のお願い

（株）ブンレイ　総務部　山田と申します。
いつも大変お世話になっております。
本日は、講習会の講師をお願いしたく、
ご連絡させていただきました。

このたび弊社では、新規事業部員を中心に
「●●」についての講習会を実施し、
「●●」のスペシャリストの方をお招きして、
ご指導いただきたいと考えております。

つきましては、「●●」の分野でご活躍の 先生に
下記テーマによるご講話を賜りたいと存じます。

ご多用中誠に恐縮ですが、
ご都合のほどをお知らせいただけると幸いです。
なにとぞ、よろしくお願い申しあげます。

記 -
・日　時：
・場　所：
・テーマ：
・参加者：
・謝　礼：

フォーマル度UP
いつも大変お世話になっております → 「日頃の感謝を表す（丁寧な）挨拶」（P.192）を使用。

丁寧度UP
本日は → 突然のお願いで〜

オリジナル度UP
講師をお願いする相手をたたえるひと言。

《+α

丁寧度UP
無理な依頼を詫び、さらに相手をたたえて依頼する文言を追加。

インパクトUP
なにとぞ、よろしく〜 → なにとぞ、お引き受けください〜

用法memo　過去に講師を引き受けてもらったことのある相手など、およそ概要をわかっている人には簡潔メールで。初めてメールを送る相手には、依頼の理由をより丁寧に書いた方がいいでしょう。

関連 ✉ P.22 講師承諾に対するお礼、P.94 講演依頼の受諾

じっくり 丁寧 文例

件名：「●●」講習会 講師のお願い

（株）ブンレイ　総務部　山田と申します。
平素はひとかたならぬお引き立てを賜り、
厚くお礼申しあげます。
突然のお願いで誠に恐縮ですが、
講習会の講師をお願いしたく、
ご連絡させていただきました。

このたび弊社では、新規事業部員を中心に
「●●」についての講習会を実施し、
「●●」のスペシャリストの方をお招きして、
ご指導いただきたいと考えております。

つきましては、「●●」についてご造詣の深い先生に
下記テーマによるご講話を賜りたいと存じます。

各誌での連載、ご講演などでご活躍中の先生に、
突然このようなお願いを申しあげることは
失礼かとは存じますが、
有益で楽しいご講話との評判を聞きおよび、
ぜひともお願い申しあげる次第です。

ご多用中誠に恐縮ですが、
ご都合のほどをお知らせいただけると幸いです。
なにとぞ、お引き受けくださいますよう
お願い申しあげます。

（以下「簡潔文例」と同じ）

- 書状の挨拶文を使い、形式に則って感謝の気持ちを表します。
- 初めてメールする相手に「唐突な依頼」と思われないように、形式的ですが、ひと言入れておきます。
- 「〜でご活躍」は無難な言い方。たとえば、「いま●●において飛ぶ鳥を落とす勢いの」、「右に出る者がいない」など。
- 相手の活躍ぶり、評判を踏まえて依頼をすることで、気分よく承諾してもらえるように促します。
- 「引き受けてほしい」旨を明記することで、最後にだめ押しします。

ものの言い方［文例］辞典

依頼メール ◎原稿執筆の依頼

すっきり簡潔文例

文書の流れ：
- 原稿を掲載する媒体・特集の案内
- 特集の内容
- 原稿執筆のお願い
- 返事のお願い
- 要項（テーマ、量、締め切りなど）

件名：「●●●」誌 原稿執筆のお願い

（株）ブンレイ　広報企画部　山田と申します。
いつもお世話になっております。
本日は、原稿の執筆をお願いしたく、
ご連絡させていただきました。

今回弊誌では、「●●マーケティング」という
テーマで特集を組むことになりました。

つきましては、
●●に関して指導的立場にいらっしゃる●●様に、
ご執筆いただきたく、
謹んでお願い申しあげる次第です。

テーマ、締切等の詳細は下記のとおりです。
ご多用中誠に恐縮ですが、
ご都合のほどをお知らせいただけると幸いです。
なにとぞ、よろしくお願い申しあげます。

記 -
1　テーマ　　●●●●●●●
2　原稿量　　0000字
3　締　切　　●月●日
4　原稿料　　1ページ（000字）×0000円

（以下、「企画内容の詳細」など）

丁寧度UP
いつもお世話になっております → 自己紹介に変更。

丁寧度UP
本日は → 突然のお願いで〜

+α
原稿執筆をお願いする企画の内容・趣旨を簡単に説明。

オリジナル度UP
依頼相手の専門性、得意分野などをたたえてひと言。

丁寧度UP
ご執筆いただきたく → 玉稿を賜りたく

インパクトUP
なにとぞ、よろしく〜 → なにとぞ、お引き受け賜り〜

82　ものの言い方［文例］辞典

関連 ✉ P.98 仕事（見積り）の依頼を断る

じっくり 丁寧 文例

件名：「●●●」誌 原稿執筆のお願い

（株）ブンレイ　広報企画部　山田と申します。
弊社発行の●●の販促誌の編集を担当しております。
突然のお願いで誠に恐縮ですが、
原稿の執筆をお願いしたく、ご連絡させていただきました。

今回弊誌では、「●●マーケティング」という
テーマで特集を組むことになりました。
この企画は、IT関連企業のマーケティング担当の方々に寄稿いただき、新しい●●マーケティングの形を浮き彫りにするものです。

つきましては、
●●の最高権威でいらっしゃる●●様に、
ぜひとも玉稿を賜りたく、
謹んでお願い申しあげる次第です。

テーマ、締切等の詳細は下記のとおりです。
ご多用中誠に恐縮ですが、
ご都合のほどをお知らせいただけると幸いです。
なにとぞ、お引き受け賜りますよう
お願い申しあげます。

（以下「簡潔文例」と同じ）

- 初めて連絡をする人に対しては、簡単に自己紹介をすると用件も受け入れられやすくなります。
- 初めてメールする相手に「唐突な依頼」と思われないように、形式的ですが、ひと言入れておきます。
- 相手の判断を助ける材料になります。相手の得意分野をくすぐるようにまとめると効果的です。
- 著名人等に対しては、「〜の最高権威である」、「〜のオーソリティである」、一般には、「専門誌で多数執筆していらっしゃる」「●誌でご活躍中の」など。
- 相手の執筆活動や実績などに敬意を払った言い方になります。「玉稿」は「原稿」の尊敬語。
- 「引き受けてほしい」旨を明記することで、最後にだめ押しします。

ものの言い方［文例］辞典

| 依頼メール | ◎ 納期延期の依頼

すっきり簡潔文例

文書の流れ：
- 納期延期のお願い（+お詫び）
- 延期の理由
- 延期後の納期の確約
- 再度延期のお願い

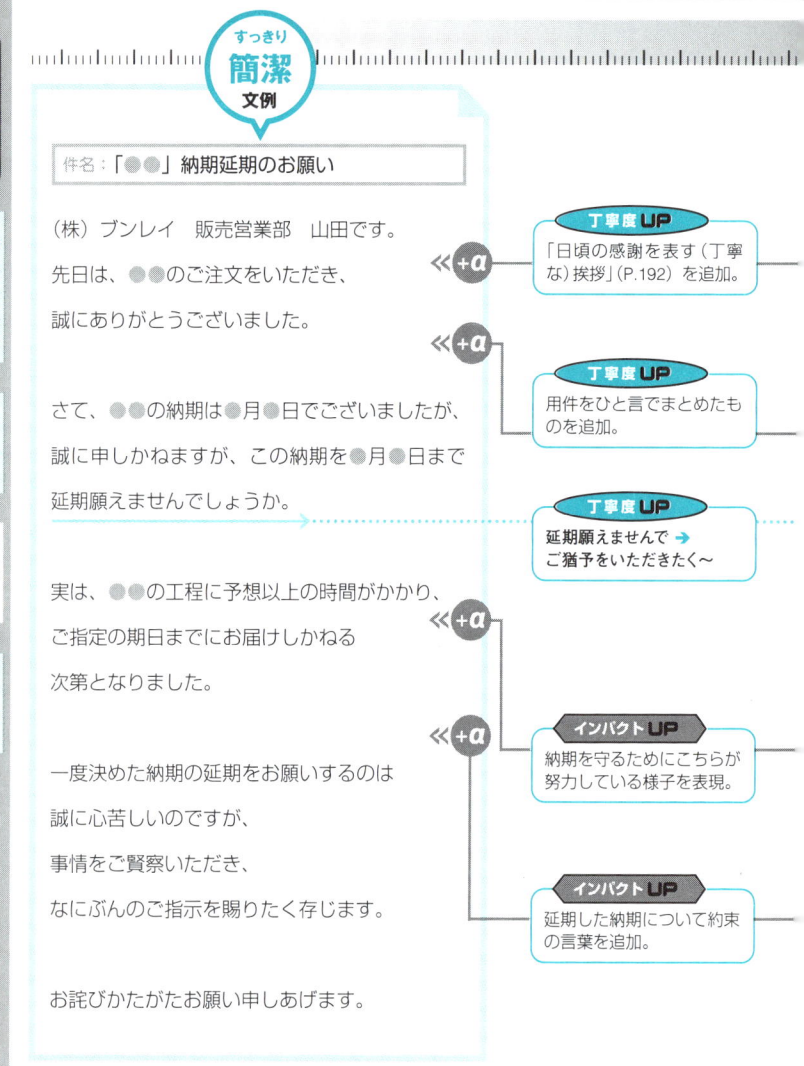

件名：「●●」納期延期のお願い

（株）ブンレイ　販売営業部　山田です。
先日は、●●のご注文をいただき、
誠にありがとうございました。

丁寧度UP：「日頃の感謝を表す（丁寧な）挨拶」（P.192）を追加。

丁寧度UP：用件をひと言でまとめたものを追加。

さて、●●の納期は●月●日でございましたが、
誠に申しかねますが、この納期を●月●日まで
延期願えませんでしょうか。

丁寧度UP：延期願えませんで → ご猶予をいただきたく～

実は、●●の工程に予想以上の時間がかかり、
ご指定の期日までにお届けしかねる
次第となりました。

インパクトUP：納期を守るためにこちらが努力している様子を表現。

一度決めた納期の延期をお願いするのは
誠に心苦しいのですが、
事情をご賢察いただき、
なにぶんのご指示を賜りたく存じます。

インパクトUP：延期した納期について約束の言葉を追加。

お詫びかたがたお願い申しあげます。

84　ものの言い方［文例］辞典

関連　P.34 納期遅延に対するお詫び、P.48 納品遅延についての弁明、P.92 納期延期の受諾、P.102 納期延期の依頼を断る、P.174 納期遅延に対する抗議

じっくり 丁寧 文例

件名：「●●」納期延期のお願い

（株）ブンレイ　販売営業部　山田です。
平素はひとかたならぬお引き立てを賜り、
厚くお礼申しあげます。
先日は、●●のご注文をいただき、
誠にありがとうございました。
本日は納期についてご相談いたしたく、
連絡させていただきました。

●●の納期は、●月●日でございましたが、
誠に申しかねますが、
この納期を●月●日まで　ご猶予をいただきたく、
お詫びとともに伏してお願い申しあげます。

実は、●●の工程に予想以上の時間がかかり、
フル稼働で制作を急いでいるにもかかわらず、
ご指定の期日までにお届けしかねる次第となりました。

●日までお待ちいただければ
必ずご注文どおりに発送いたしますので、
なにとぞご了承くださいますよう
お願い申しあげます。

一度決めた納期の延期をお願いするのは
誠に心苦しいのですが、
事情をご賢察いただき、
なにぶんのご指示を賜りたく存じます。

お詫びかたがたお願い申しあげます。

- 本題に入るまえに一呼吸おき、丁寧な印象を与えます。逆に入れなければ、急いで用件を伝えたい気持ちを表す効果も。

- 最初の部分で、こちらの言いたいことをそれとなく伝えます。

- 問いかけの形で、依頼することに対する躊躇を表現します。承諾してもらうしかない場面では、詫びつつ「お願いします」と言い切るほうが強い依頼を表現できます。

- 努力を伝え、相手の「仕方がない」という気持ちを促します。

- 次は必ず守るとあえて言うことで、1回の延期については了承してもらえるよう強く訴えかけます。

文例
御礼
謝罪
説明
問合せ
依頼
了解受諾
断り
送付受領
祝賀
挨拶
通知
案内
抗議催促
見舞い

ものの言い方［文例］辞典

了解受諾メール ◎商品注文の受諾

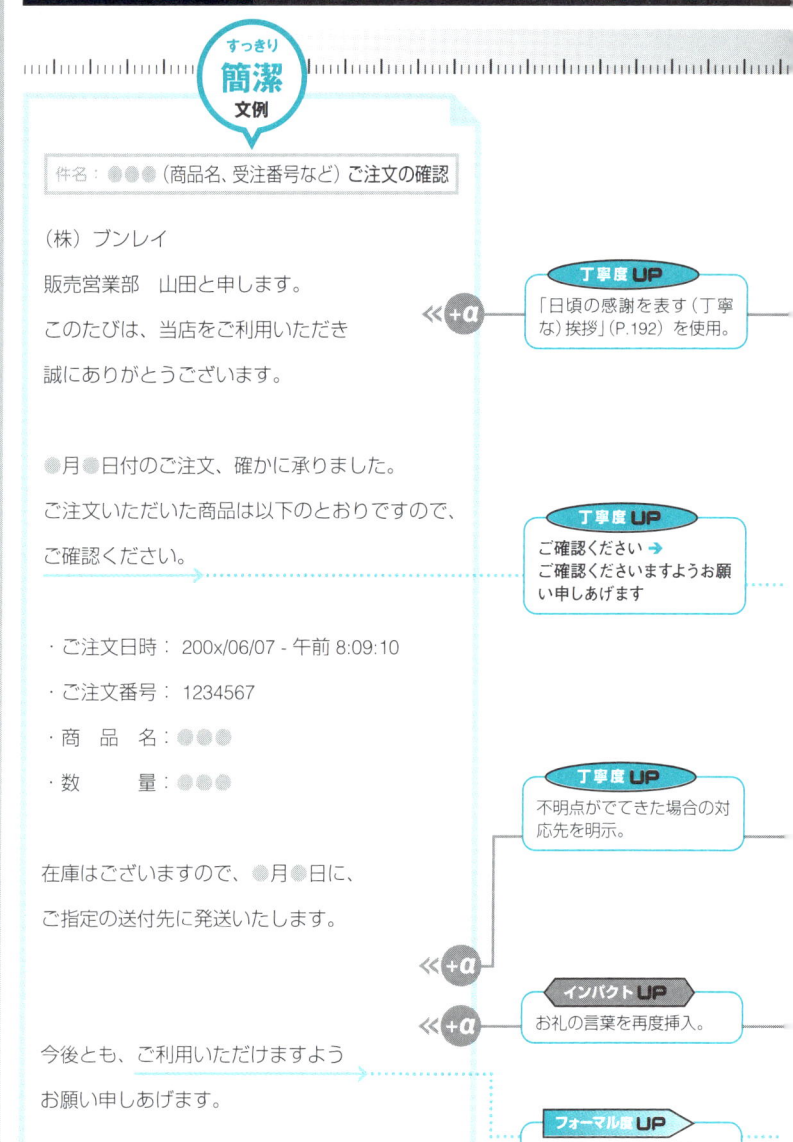

文書の流れ: 注文に対するお礼 ▼ 受注の確認 ▼ 注文内容 ▼ 送付予定 ▼ 担当窓口の案内 ▼ 再度お礼

すっきり簡潔文例

件名: ●●●（商品名、受注番号など）ご注文の確認

（株）ブンレイ

販売営業部　山田と申します。

このたびは、当店をご利用いただき

誠にありがとうございます。

> **丁寧度 UP** 《+α
> 「日頃の感謝を表す（丁寧な）挨拶」(P.192)を使用。

●月●日付のご注文、確かに承りました。

ご注文いただいた商品は以下のとおりですので、

ご確認ください。

> **丁寧度 UP**
> ご確認ください →
> ご確認くださいますようお願い申しあげます

・ご注文日時：　200x/06/07 - 午前 8:09:10
・ご注文番号：　1234567
・商　品　名：●●●
・数　　　量：●●●

> **丁寧度 UP**
> 不明点がでてきた場合の対応先を明示。

在庫はございますので、●月●日に、

ご指定の送付先に発送いたします。

《+α

《+α

> **インパクト UP**
> お礼の言葉を再度挿入。

今後とも、ご利用いただけますよう

お願い申しあげます。

> **フォーマル度 UP**
> ご利用いただけますよう →
> ご用命を賜りますよう

関連 ✉ P.14 注文に対するお礼

じっくり 丁寧 文例

件名：●●●（商品名、受注番号など）ご注文の確認

（株）ブンレイ
販売営業部 山田と申します。

平素はひとかたならぬお引き立てを賜り、
厚くお礼申しあげます。

このたびは、当店をご利用いただき、
誠にありがとうございます。
●月●日付のご注文、確かに承りました。
ご注文いただいた商品は以下のとおりです。
ご確認くださいますようお願い申しあげます。

・ご注文日時： 200x/06/07 - 午前 8:09:10
・ご注文番号： 1234567
・商　品　名： ●●●
・数　　　量： ●●●

在庫はございますので、●月●日に、
ご指定の送付先に発送いたします。

ご不明な点がございましたらお気軽に
山田（xxx@xxx.xx.xx／00-00-0000）まで
お問い合わせください。

このたびは、ご利用ありがとうございました。
今後とも、ご用命を賜りますよう
お願い申しあげます。

本題に入るまえに一呼吸おき、丁寧な印象を与えます。逆に入れなければ、急ぎ了承の件を伝えたい気持ちを表す効果も。

少々くどいくらいの言い回しで、丁重に対応している感じを出します。

連絡先をあえて入れることで、問い合わせを歓迎する より親切な印象を与えます。

最後にあらたまって一文入れることで、「本当にありがとうございます」という感謝の気持ちを印象づけます。

より営業的な言い回しを使います。
「用命」は、用事を言いつけること、注文。

ものの言い方［文例］辞典

了解受諾メール ◎新規取引の受諾

文書の流れ
- 申し出に対するお礼
- 承諾の返事
- 今後への期待
- 継続的な取引のお願い
- 取引条件について言及
- 今後の支援をお願い

すっきり簡潔 文例

件名：新規取引のお申し出について

ブンレイ工房　営業担当　山田と申します。

丁寧度UP：「日頃の感謝を表す（丁寧な）挨拶」（P.192）を使用。

このたびは、新規お取引のお申し出をいただき、
誠にありがとうございました。

丁寧度UP：誠にありがとうございました → 誠にありがたく心よりお礼申しあげます

弊社 にとっても
貴店とのお取引は願ってもないことです。

丁寧度UP：にとっても → といたしましても

ご承諾いたしますとともに、
よりよい商品をご提供できるよう
全力を尽くします。
何とぞ、末長くお取引いただけますよう
お願い申しあげます。

オリジナル度UP：申し出られた取引によるメリット等を記述。

なお、貴店よりご提示いただいた
お取引条件につきまして、
何ら異存はございません。

メールにて恐縮ですが、
まずは承諾の旨、お伝え申しあげます。

丁寧度UP：挨拶に行くつもりであることを表明。

フォーマル度UP：「今後の支援を願う挨拶」（P.193）を追加。

関連 ✉ P.66 取引条件についての問い合わせ、P.104 新規取引の申し入れを断る

じっくり 丁寧 文例

件名：**新規取引のお申し出について**

ブンレイ工房　営業担当　山田と申します。
平素はひとかたならぬお引き立てを賜り、
厚くお礼申しあげます。

このたびは、新規お取引のお申し出をいただき、
誠にありがたく心よりお礼申しあげます。

弊社といたしましても
貴店とのお取引は願ってもないことです。
ご承諾いたしますとともに、
よりよい商品をご提供できるよう
全力を傾注いたします。

貴店で扱っていただければ、
細々と製作してまいりました私どもの商品
「●●」の販売量は
大きく伸びるものと確信いたしております。
何とぞ、末長くお取引いただけますよう
お願い申しあげます。

なお、貴店よりご提示いただいたお取引条件に
つきまして、何ら異存はございません。
近々ご挨拶にうかがいたいと存じますが、
まずは承諾の旨、お伝え申しあげます。

今後ともなにとぞお引き立てのほど、
よろしくお願い申しあげます。

本題に入るまえに一呼吸おき、丁寧な印象を与えます。逆に入れなければ、急いで了承の件を伝えたい気持ちを表す効果も。

お礼の言葉を重ねて、深い感謝を表します。

謙譲語を使った表現で、低姿勢を印象づけます。

取引承諾の理由となる部分で、積極的な姿勢を表します。

直接出向く意向を示すことで、メールでの簡易な挨拶を詫びる意味と、いち早く返事を知らせたい気持ちを含めます。

定型句を使用して、文面を丁寧かつ無難に締めくくります。

ものの言い方［文例］辞典

了解受諾メール ◎ 値引き要請の受諾

文書の流れ
- 値引き要請を受け検討
- 値引きが難しい事情
- 値引きの了承
- 今回限りということわり
- 今後の支援をお願い

すっきり簡潔文例

件名：「●●」のお値引きについて

(株) ブンレイ 営業担当 山田です。
お世話になっております。

さて、●月●日にお申し出のありました、
「●●」の値引きの件、
承り、検討させていただきました。

正直申しまして、弊社といたしましては、
さらなる値引きは大きな負担となるもので
ございます。

しかし、ほかならぬ貴社よりの
お申し出ですので、
やむを得ないものと
了解いたします。

なお、恐れ入りますが、弊社におきましても
今回の価格がぎりぎりの線でございます。
なにとぞ お含みおきください。

まずは、とり急ぎ承諾のお知らせまで。

フォーマル度 UP
お世話になっております → 「日頃の感謝を表す（丁寧な）挨拶」（P.192）を使用。

丁寧度 UP
承り → 拝承

オリジナル度 UP ≪ +α
値引きが困難な事情を追加。

インパクト UP
やむを得ないものと → やむを得ない事情も推察できますので

オリジナル度 UP
了解いたします → 値引きさせていただくことにいたしました

丁寧度 UP
お含みおきください → お含みおきいただけると幸いです

フォーマル度 UP ≪ +α
「今後の支援を願う挨拶」（P.193）を追加。

関連 ✉ P.100 値引きの依頼を断る

じっくり 丁寧 文例

件名:「●●」のお値引きについて

（株）ブンレイ　営業担当　山田です。
平素はひとかたならぬお引き立てを賜り、
厚くお礼申しあげます。

さて、●月●日にお申し出のありました、
「●●」の値引きの件、
拝承、検討させていただきました。

正直申しまして、弊社といたしましては
今日までもできるかぎりの努力をしてまいりましたので、
さらなる値引きは大きな負担となるもので
ございます。

しかし、ほかならぬ貴社よりのお申し出であり、
やむを得ない事情も推察できますので、
値引きさせていただくことにいたしました。

なお、恐れ入りますが、弊社におきましても
今回の価格がぎりぎりの線でございます。
なにとぞお含みおきいただけると幸いです。

今後ともより一層のお引き立てを、
よろしくお願い申しあげます。

まずは、とり急ぎ承諾のお知らせまで。

- 書状の挨拶文を使い、形式に則って感謝の気持ちを表します。
- 謙譲表現を使うことで、低姿勢で丁重に対応している印象にします。「拝承」は謹んで承る・聞くこと。
- 理由を述べることで、値引きの負担が大きく苦しい状況であることの説得力を増します。
- 相手に対する気遣いをより強く表します。
- しぶしぶか、快くか、ニュアンスに応じて、言い分けます。たとえば、「一応承諾いたします」「お申し出の条件でお引き受けいたします」など。
- 言い切る形の前者に対して、控えめな印象にします。相手との関係を考慮して使い分けます。
- 値引き交渉に応じた後なので、「引き立てをよろしく～」という形式的な言葉を、文字通りの意味で使います。

ものの言い方 [文例] 辞典

了解受諾メール ◎ 納期延期の受諾

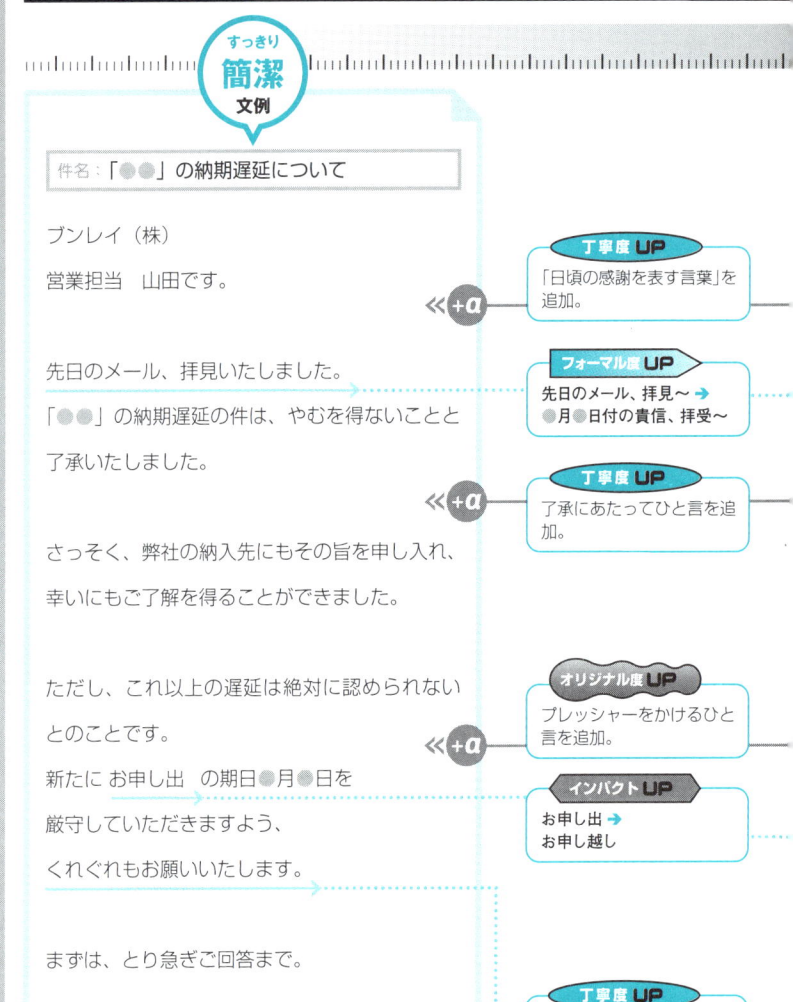

すっきり簡潔文例

件名:「●●」の納期遅延について

ブンレイ(株)
営業担当 山田です。

> **丁寧度 UP**
> 「日頃の感謝を表す言葉」を追加。

先日のメール、拝見いたしました。
「●●」の納期延期の件は、やむを得ないことと了承いたしました。

> **フォーマル度 UP**
> 先日のメール、拝見〜 → ●月●日付のご貴信、拝受〜

> **丁寧度 UP**
> 了承にあたってひと言を追加。

さっそく、弊社の納入先にもその旨を申し入れ、幸いにもご了解を得ることができました。

ただし、これ以上の遅延は絶対に認められないとのことです。
新たに お申し出 の期日●月●日を
厳守していただきますよう、
くれぐれもお願いいたします。

> **オリジナル度 UP**
> プレッシャーをかけるひと言を追加。

> **インパクト UP**
> お申し出 → お申し越し

まずは、とり急ぎご回答まで。

> **丁寧度 UP**
> くれぐれもお願いいたします → ご尽力のほどよろしくお願いいたします

文書の流れ
- 連絡受領のお知らせ
- 納期遅延の了承
- 他の影響先について言及
- 新たな期限の厳守を要請

関連 ✉ P.34 納期遅延に対するお詫び、P.48 納品遅延についての弁明、P.84 納期延期の依頼、P.102 納期延期の依頼を断る、P.174 納期遅延に対する抗議

じっくり 丁寧 文例

件名：「●●」の納期遅延について

ブンレイ（株）
営業担当　山田です。
いつも大変お世話になっております。

●月●日付の貴信、拝受いたしました。
「●●」の納期遅延の件は、やむを得ないことと
了承いたしました。
注文通りの品をそろえていただくためには
いたしかたないものと存じます。

さっそく、弊社の納入先にもその旨を申し入れ、
幸いにもご了解を得ることができました。

ただし、これ以上の遅延は絶対に認められない
とのことです。
関係各方面に迷惑をかけることになりますので、
新たに お申し越し の期日●月●日を
厳守していただきますよう、
ご尽力のほどよろしくお願いいたします。

まずは、とり急ぎご回答まで。

本題に入るまえに一呼吸おき、丁寧な印象を与えます。逆に入れなければ、とり急ぎ返信していることを強調する効果も。

書状に使用する表現を使い、重みを増します。

「やむをえない」ということを強調し、苦渋の決断というニュアンスを含めます。

ずるずる期日を延ばされるのを防ぐ、トメの役割にします。他に「弊社の信用にも関わりますので」など。

日常的でない言葉を使って、緊張感を出します。「申し越す」は手紙などで言ってよこす意味。

より丁寧な言い回しを使いながら、「尽力」という言葉で最大限の努力を要請するニュアンスを含めます。

ものの言い方［文例］辞典　93

✉ 了解受諾メール ◎講演依頼の受諾

文書の流れ
- 講演依頼のお礼
- 受諾の返事
- テーマ等の確認
- 心構え・意気込み

すっきり簡潔文例

件名：講演のご依頼について

（株）ブンレイ　企画部　山田です。
お世話になっております。

先日は、講演のご依頼をいただき、ありがとうございました。
謹んで、お受けすることにいたします。

ご希望のテーマは「●●」ということでしたが、具体的には「新興企業への就職」ということでお話させていただいて
問題ございませんでしょうか。
その他のご希望やテーマの変更などございましたら、ご連絡ください。

卒業して●年、
●●に携わってきた者として、
母校のためにお役に立てれば幸いです。

まずは、とり急ぎお返事申しあげます。

フォーマル度 UP
お世話になっております→「日頃の感謝を表す（丁寧な）挨拶」（P.192）を使用。

オリジナル度 UP
依頼を受けての感想を追加。

インパクト UP
お受け～ →
お引き受け～

丁寧度 UP
セミナー（講演会）全体の目的や対象者に言及。

丁寧度 UP
ご連絡ください →
ご連絡いただけると幸いです

丁寧度 UP
謙遜する言葉を追加。

94　ものの言い方［文例］辞典

関連 ✉ P.22 講師承諾に対するお礼、P.80 講習会講師の依頼

じっくり 丁寧 文例

件名：**講演のご依頼について**

（株）ブンレイ　企画部　山田です。
平素はひとかたならぬお引き立てを賜り、
厚くお礼申しあげます。

先日は、講演のご依頼をいただき、
ありがとうございました。
母校よりのご依頼、とても嬉しく存じます。
謹んで、お引き受けいたします。

来年度卒業生に向けた
就職セミナーを開催されるとのこと。
ご希望のテーマは「●●」ということでしたが、
具体的には「新興企業への就職」ということでお話
させていただいて問題ございませんでしょうか。
その他のご希望やテーマの変更などございましたら、
ご連絡いただけると幸いです。

卒業して●年、
●●に携わってきた者として、
微力ではございますが、
母校のためにお役に立てれば幸いと存じます。

まずは、とり急ぎお返事申しあげます。

- 書状の挨拶文を使い、形式に則って感謝の気持ちを表します。
- 母校や故郷、知人の紹介など、依頼者とのつながりや理由に応じて感想を表現。相手との気持ちがつながる一文にします。
- 「受ける」に対して「引き受ける」を使うことで、「責任もって」受けるという気持ちを表現します。
- 文中でさりげなく基本事項を確認します。
- 「そうしてもらうと助かります」というニュアンスを含めて、ひかえめに依頼します。
- 「役に立ちたい」という気持ちを、厚かましくならないように表すためにひと言加えます。

ものの言い方［文例］辞典

断りメール ◎注文を断る

すっきり簡潔文例

件名:「●●」品切れのお知らせ

(株)ブンレイ　販売部　山田と申します。

このたびは、「●●」をご注文いただき、
誠にありがとうございます。

ところが、あいにくですが
ご注文いただきました「●●」は
現在品切れになっておりますので、
このたびはご注文にお応えすることが
できません。

なお、次回の入荷は●月下旬を予定しております。
入荷次第ご連絡いたしますので、
その節には改めてご注文賜りますよう、
お願いいたします。

まずは、お詫びかたがたお返事申しあげます。

フォーマル度UP　「日頃の感謝を表す(丁寧な)挨拶」(P.192)を使用。

丁寧度UP　あいにくですが → 大変申し訳ありませんが

丁寧度UP　品切れの理由を追加。

丁寧度UP　〜誠に残念ながら を追加。

丁寧度UP　理解を求めるひと言を追加。

オリジナル度UP　代替商品を勧める。

文書の流れ: 注文のお礼 ▼ 品切れのお知らせ ▼ 入荷予定・その後の手続き案内 ▼ 代替品の案内

用法memo
丁寧文例でくどくなるのを避けるには、「大変申し訳ありませんが」と「誠に残念ながら」の使用は、どちらかにしておきます。

関連 ✉ P.40 品切れに対するお詫び、P.86 商品注文の受諾

じっくり 丁寧 文例

件名:「●●」品切れのお知らせ

(株)ブンレイ　販売部　山田と申します。
平素はひとかたならぬお引き立てを賜り、
厚くお礼申しあげます。
このたびは、「●●」をご注文いただき、
誠にありがとうございます。

ところが、大変申し訳ありませんが
ご注文いただきました「●●」は、
発売以来予想以上の売れ行きを見せ、
現在品切れになっております。
そのため、誠に残念ながら、
このたびはご注文にお応えすることができません。
あしからずご了承下さいますよう
お願い申しあげます。

なお、次回の入荷は●月下旬を予定しております。
入荷次第ご連絡いたしますので、
その節には改めてご注文賜りますよう、
お願いいたします。

なお、色違いの「●●」でしたら、
在庫がございます。
下記URLに詳細がございますので、
ご検討のほど、よろしくお願いいたします。
http://www.xxx.xxxx/xxxx/

まずは、お詫びかたがたお返事申しあげます。

- 書状の挨拶文を使い、形式に則って感謝の気持ちを表します。
- 前者の客観的に言う表現対して、当事者が「詫び」ている印象を強めます。
- 「仕方ない」という相手の納得につなげます。
- 後に続く「断り」のフレーズの衝撃をやわらげます。
- さらに了承してもらうことをお願いしてこの場をおさめます。
- 品切れ商品と近い商品がある場合、参考までに勧めます。営業的なチャンスになり、相手にも喜ばれるかもしれません。

ものの言い方[文例]辞典　97

断りメール ◎仕事(見積り)の依頼を断る

文書の流れ: 見積り依頼のお礼 ▼ 断る理由・状況説明 ▼ 依頼の辞退 ▼ お詫び ▼ 理解・了承のお願い

すっきり簡潔文例

件名:「●●」見積のご依頼について

(株)ブンレイ　企画営業部
山田と申します。

> **丁寧度UP**: 「日頃の感謝を表す(丁寧な)挨拶」(P.192)を追加。

このたびは、見積りのご依頼、
誠にありがとうございました。

> **丁寧度UP**: 見積りのご依頼 → 見積りをご依頼いただきまして

作業内容に関する資料を拝見いたしましたが、
納期までの時間が非常に短く、
弊社の力ではお引き受けするのが
難しい状況です。

> **オリジナル度UP**: 見積る内容と、断る理由を記述。

このような次第で、
見積りのご依頼は辞退させていただきたく、
お願い申しあげます。

> **丁寧度UP**: お詫びのひと言を追加。

> **丁寧度UP**: お許しのほど を追加。

なにとぞ事情ご賢察のうえご了承くださいますよう
お願い申しあげます。

> **丁寧度UP**: お詫びの言葉を再度挿入。

まずは、お詫びかたがたお返事申しあげます。

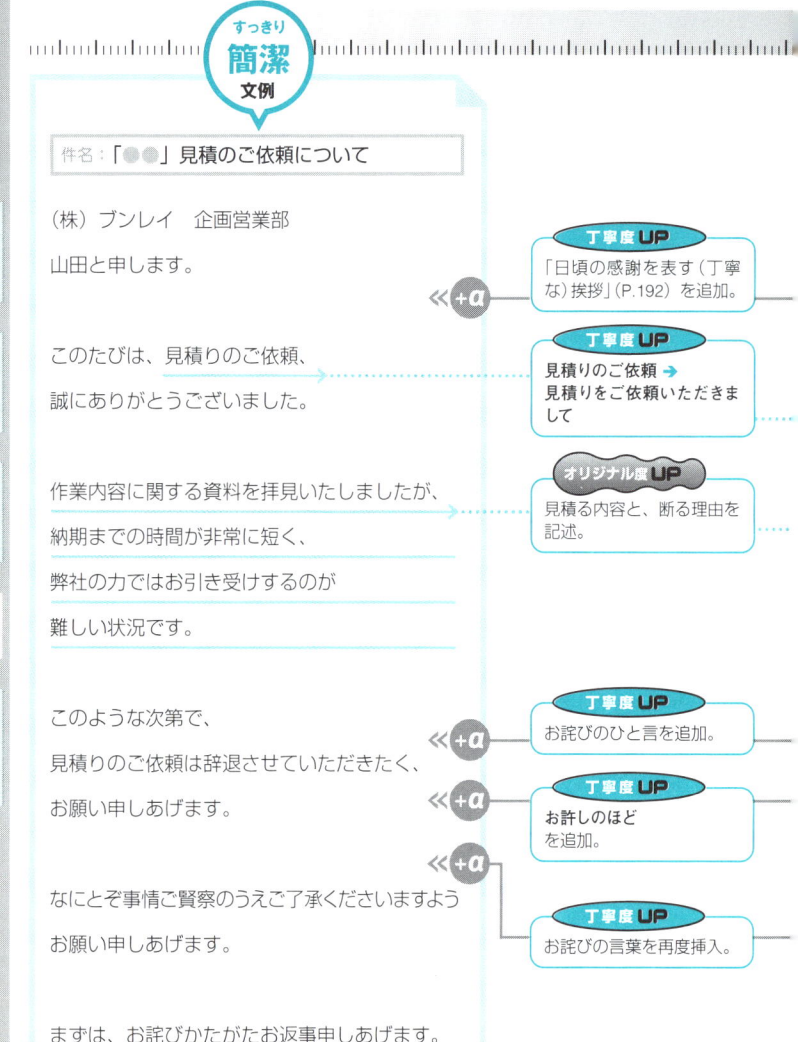

98　ものの言い方[文例]辞典

関連 ✉ P.72 見積りの依頼、P.82 原稿執筆の依頼

じっくり 丁寧 文例

件名:「●●」見積のご依頼について

(株) ブンレイ　企画営業部
山田と申します。

平素はひとかたならぬお引き立てを賜り、
厚くお礼申しあげます。

このたびは、見積りをご依頼いただきまして、
誠にありがとうございました。

ところが、あいにくご注文の品につきましては、
現在大量の注文をお受けしており、
ご希望の納期までにお届けすることが
難しい状況です。

このような次第で、
大変申し訳ありませんが、
見積りのご依頼は辞退させていただきたく、
お許しのほど
お願い申しあげます。

せっかくのご依頼にお応えできず
申し訳ございません。
なにとぞ事情ご賢察のうえご了承くださいますよう
お願い申しあげます。

まずは、お詫びかたがたお返事申しあげます。

- 本題に入るまえに一呼吸おき、丁寧な印象を与えます。
- 丁寧な言葉遣いで感謝をより強く表現します。
- 前者は何らかの制作や作業に関する見積りについての表現。後者のように変えることで、特定の商品の見積りについての表現になります。
- 後に続く「辞退」という文面の、拒絶する印象をやわらげます。
- 「辞退」をお願いするだけでなく、それを許してほしい旨を付加します。
- あらたまって一文入れることで、「本当に申し訳ない」という気持ちを印象づけます。

もののの言い方［文例］辞典

断りメール　◎値引きの依頼を断る

文書の流れ: 注文のお礼 ▼ 値引き要請の検討 ▼ 値引きの拒否 ▼ 拒否の理由 ▼ 理解・了承のお願い

すっきり簡潔文例

件名:「●●」のお値引きについて

(株)ブンレイ　企画営業部
山田です。

> **+α 丁寧度UP**
> 「日頃の感謝を表す(丁寧な)挨拶」(P.192)を追加。

このたびは弊社商品「●●」をご注文いただき、
ありがとうございました。
また、納入品の一律●%の値引きという
貴社からの ご要望 についてですが、
誠に申し訳ございませんが、
どうしてもお受けすることができません。

> **丁寧度UP**
> ご要望 →
> お申し越し

> **+α インパクトUP**
> 何とかご期待に沿えるよう〜
> を追加。

> **丁寧度UP**
> どうしても〜 →
> 現状ではお引き受けかねる〜

原材料、人件費等の諸経費の上昇により、
現行価格を維持するのが精一杯というのが
実情です。

> **+α オリジナル度UP**
> 相手が値引きを要望した理由に応じて、値引きが難しい事情を説明。

なにとぞ事情をご賢察のうえ、
ご了承賜りますようお願い申しあげます。

まずは、お詫びかたがたお返事申しあげます。

> **丁寧度UP**
> 理解を求める言葉の前に、恐縮するひと言を追加。

関連 ✉ P.90 値引き要請の受諾

じっくり　丁寧　文例

件名:「●●」のお値引きについて

（株）ブンレイ　企画営業部
山田です。

平素はひとかたならぬお引き立てを賜り、
厚くお礼申しあげます。

このたびは弊社商品「●●」をご注文いただき、
ありがとうございました。
また、納入品の一律●%の値引きという
貴社からの お申し越し について、

何とかご期待に沿えるようにと
検討してみました。

しかしながら、誠に申し訳ございませんが、
現状ではお引き受けできかねる次第でございます。

ご承知かと存じますが、
■■や○○といった他社製品と当社の製品とでは、
品質に差異がございます。

誠に恐縮ではございますが、
なにとぞ事情をご賢察のうえ、
ご了承賜りますようお願い申しあげます。

まずは、お詫びかたがたお返事申しあげます。

- 本題に入るまえに一呼吸おき、丁寧な印象を与えます。
- 直接的でわかりやすい「要望」に対して、「申し越し」という婉曲的でソフトな印象に。「申し越す」は言ってよこすこと。
- すぐに否定せずに、努力したことをアピールします。
- 「現状では」とすることで全面的な拒絶を避け、「次第で〜」とすることで、事情のあることをにおわせます。
- たとえば、他社製品との価格差を指摘された場合は、品質の違いなどを説明し値引きできない理由とします。
- より丁重にお願いします。

メールの構成 / 文例（御礼・謝罪・説明・問合せ・依頼・了解受諾・**断り**・送付受領・祝賀・挨拶・通知・案内・抗議催促・見舞い）/ 箇条書き簡潔限定メール / メールにしづらい文書

ものの言い方[文例]辞典

断りメール　◎納期延期の依頼を断る

文書の流れ
- 要請を受けた確認
- 要請を拒否
- 相手の事情への理解
- 拒否の理由・こちらの事情
- 納期厳守のお願い

すっきり簡潔文例

件名：納期延期のご依頼について

（株）ブンレイ　企画営業部

山田と申します。

とり急ぎお知らせ申しあげます。

「●●」の納期延期のお申し入れですが、

結論から申しあげますと、了承いたしかねます。

本品は、納品先がすでに決定している商品で、

納期が遅れることによって

各方面に支障をきたしてまいります。

上のような事情をご賢察のうえ、

納期厳守のためご尽力いただきたく

切にお願い申しあげます。

まずは、お返事かたがたお願いまで。

丁寧度UP
とり急ぎ〜 →「日頃の感謝を表す（丁寧な）挨拶」（P.192）を使用。

丁寧度UP ≪+α
申し入れを受けた一文を追加。

丁寧度UP ≪+α
了承いたしかねます → 了承することは困難です

インパクトUP
善処してほしい旨を追加。

≪+α

オリジナル度UP
商品の使途など、ないと困る事情を説明。

インパクトUP
このままでは〜
を追加。

関連 ✉ P.34 納期遅延に対するお詫び、P.48 納品遅延についての弁明、P.84 納期延期の依頼、P.92 納期延期の受諾、P.174 納期遅延に対する抗議

じっくり 丁寧 文例

件名：**納期延期のご依頼について**

(株) ブンレイ　企画営業部
山田と申します。
平素は格別のご助力をいただき、
厚くお礼申しあげます。

●月●日付のご連絡、拝受いたしました。
「●●」の納期延期のお申し入れですが、
結論から申しあげますと、了承することは困難です。
貴社のご事情も理解できますが、
当初の納期をご確認のうえ、
善処していただきたくお願いいたします。

本品は、●月●日に予定しております
●●●に使用するもので、
納期が遅れることによって
各方面に支障をきたしてまいります。
このままでは、当社の信用にかかわりますので
なにとぞご配慮いただきたいと存じます。

上のような事情をご賢察のうえ、
納期厳守のためご尽力いただきたく
切にお願い申しあげます。

まずは、お返事かたがたお願いまで。

- 本題に入るまえに一呼吸おき、丁寧な印象を与えます。
- あえて一文加えることで、重く受け止めているような印象を与えます。
- ほぼ同等の意味ですが、「困難」と表記することで多少表現をやわらげます。
- 申し入れを断った直後に、事情は理解できるとフォローしたうえで善処を依頼。できる限りの努力を望むことで、どうしても納期を譲れない旨を伝えます。
- より具体的なものを提示して、説得力を高めます。
- 納期が守られない場合の状況を示し、相手にプレッシャーをかけます。

もののいい方[文例]辞典　103

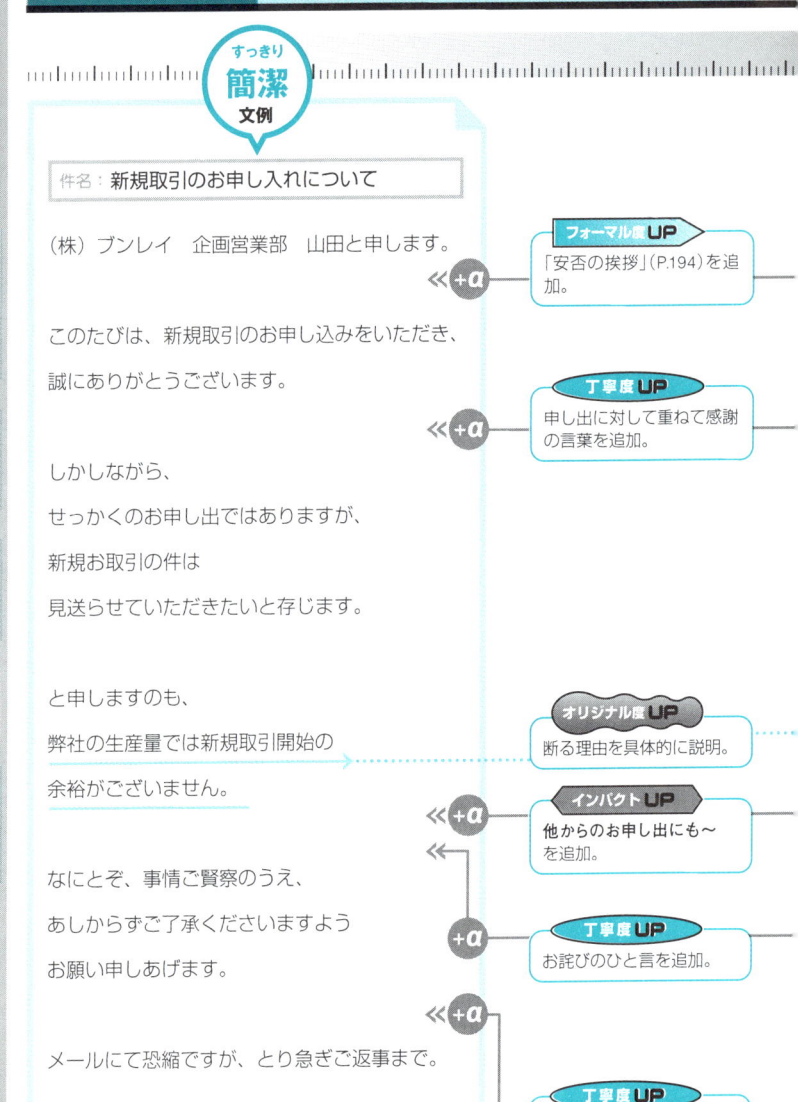

断りメール ◎ 新規取引の申し入れを断る

文書の流れ: 新規取引申し込みのお礼 ▼ 辞退の返事 ▼ 辞退の理由 ▼ お詫び ▼ 理解・了承のお願い ▼ 将来的な含み

すっきり簡潔 文例

件名：新規取引のお申し入れについて

（株）ブンレイ　企画営業部　山田と申します。

≪ +α **フォーマル度UP**：「安否の挨拶」(P.194)を追加。

このたびは、新規取引のお申し込みをいただき、誠にありがとうございます。

≪ +α **丁寧度UP**：申し出に対して重ねて感謝の言葉を追加。

しかしながら、
せっかくのお申し出ではありますが、
新規お取引の件は
見送らせていただきたいと存じます。

と申しますのも、
弊社の生産量では新規取引開始の
余裕がございません。

……… **オリジナル度UP**：断る理由を具体的に説明。

≪ **インパクトUP**：他からのお申し出にも～を追加。

なにとぞ、事情ご賢察のうえ、
あしからずご了承くださいますよう
お願い申しあげます。

+α **丁寧度UP**：お詫びのひと言を追加。

≪ +α

メールにて恐縮ですが、とり急ぎご返事まで。

丁寧度UP：将来的な含みを残すひと言を追加。

104　ものの言い方[文例]辞典

関連 ✉ P.66 取引条件についての問い合わせ、P.88 新規取引の受諾

じっくり 丁寧 文例

件名：**新規取引のお申し入れについて**

（株）ブンレイ　企画営業部　山田と申します。
　貴社にはますますご隆盛のこととお喜び申しあげます。

このたびは、新規取引のお申し込みをいただき、
厚くお礼申しあげます。
　誠にありがたいお話しでございまして、
　感謝にたえません。

しかしながら、せっかくのお申し出ではありますが、
貴社との新規お取引の件は、
見送らせていただきたいと存じます。

と申しますのも、
経営合理化の一環として
営業面の規模縮小を実施しており、
　他からのお申し出にも
　ご辞退申しあげている状況です。

　ご希望にお応えすることができず
　誠に申し訳ございません。
なにとぞ、事情ご賢察のうえ、
あしからずご了承くださいますよう
お願い申しあげます。
　また、今後 当社の事情が変わりました折には、
　改めてよろしくお願い申しあげます。

メールにて恐縮ですが、とり急ぎご返事まで。

- 通常メールではあまり使用されない書状用の挨拶文を使用し、丁寧でかしこまった印象を与えます。

- 重ねて感謝を述べることで、本心からお礼を言いたい気持ちを表現します。

- やむを得ない理由を伝えて相手の納得を得ます。「すでに、●社との特約により営業いたしており」「このエリアにはすでに代理店が●社あり」など。

- どこからの申し出も断っているとあえて伝えることで、相手が気分を害することを防ぎます。

- 申し訳なく思う気持ちを表現し、「拒絶」の文面をやわらげます。

- 将来的には取引できるかもしれない旨を示し、発展的な印象を与えて締めくくります。

メールの構成／文例（御礼／謝罪／説明／問合せ／依頼／了解受諾／**断り**／送付受領／祝賀／挨拶／通知／案内／抗議催促／見舞い）／簡条書き 簡潔限定メール／メールにしづらい文書

ものの言い方［文例］辞典　105

送付受領メール ◎見積り送付の連絡

文書の流れ
- 見積り依頼のお礼
- 送付の連絡
- 見積りの内容について・商品アピール
- 検討・注文のお願い

すっきり簡潔 文例

件名:「●●」のお見積り

（株）ブンレイ　販売企画部

山田と申します。

いつもお世話になっております。

見積りのご依頼、ありがとうございました。

さっそく見積書をお送りします。
●●のファイルを添付いたしました。

《+α

ご不明、ご不満の点などございましたら、
ぜひお申しつけください。

《+α

では、ご検討のほど、よろしくお願いいたします。
お返事をお待ちしております。

フォーマル度 UP
「日頃の感謝を表す（丁寧な）挨拶」（P.192）を使用。

丁寧度 UP
見積りのご依頼、→
見積りをご依頼いただき
さらに、見積りの依頼内容を追加。

丁寧度 UP
見積もる・送付する
を別々に記述。

オリジナル度 UP
商品のアピールや、見積りの内容について言及。

丁寧度 UP
交渉の余地がある旨を追加。

106　ものの言い方［文例］辞典

関連 ✉ P.68 見積りの返事についての問い合わせ、P.72 見積りの依頼

じっくり 丁寧 文例

件名:「●●」のお見積り

(株)ブンレイ　販売企画部
山田と申します。
平素は格別のお引き立てを賜り、
厚くお礼申しあげます。

このたびは「●●」の見積りをご依頼いただき、
ありがとうございました。

さっそくお見積りいたしましたので、
送付いたします。
●●のファイルを添付いたしました。

> この「●●」は、この春もっとも注目されている
> 商品で、当社最大のヒットになるのではと
> 期待しております。

ご不明、ご不満の点などございましたら、
ぜひお申しつけください。

> できるだけご要望に沿えるよう努力したいと
> 存じます。

では、ご検討のほど、よろしくお願いいたします。
お返事をお待ちしております。

- 書状の挨拶文を使い、形式に則って感謝の気持ちを表します。
- より丁寧な言い回しにし、感謝をより強く表現します。また複数の案件がある場合に備えて、用件を明確にします。
- 手順通り順に記述して、几帳面な印象にします。また、別送した場合には「郵送にてお送りいたしました」など手段を示します。
- 商品の利点を改めて示したり、見積りの根拠を添えることで、見積り額の正当性をアピールします。
- 値引き等に応じる余地がある場合は、「要望に沿える」ことをつけ加え、取引の可能性を広げます。

ものの言い方［文例］辞典　107

| 送付受領メール | ◎商品発送の連絡

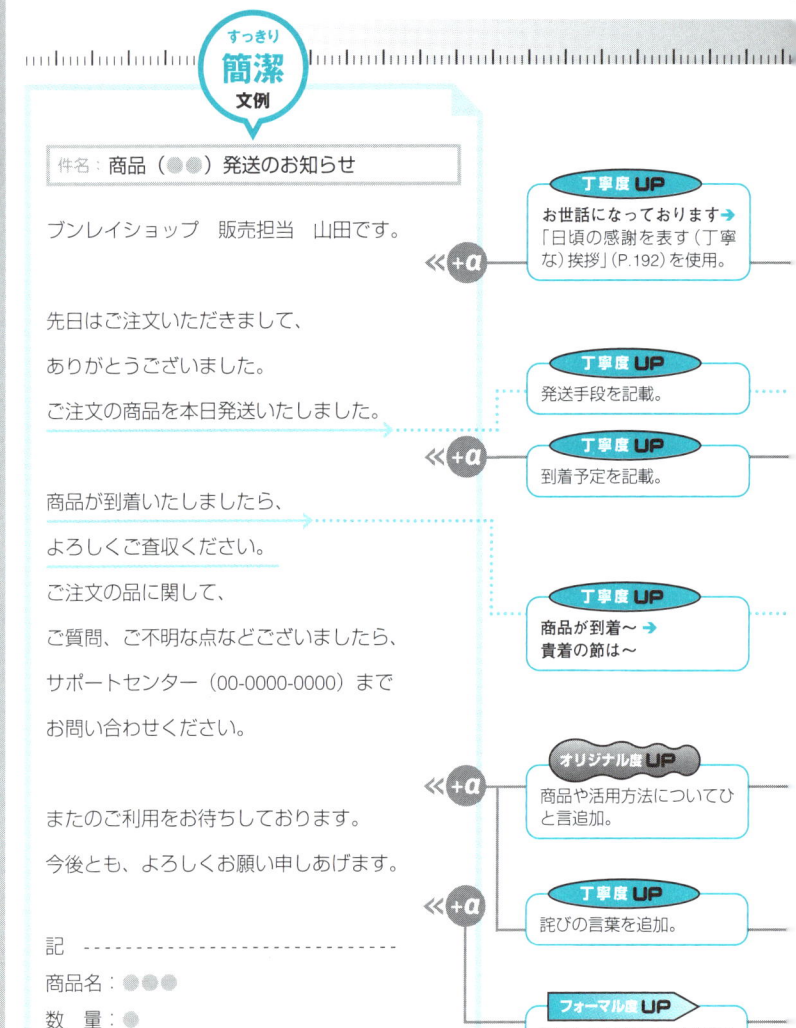

文書の流れ

注文のお礼 ▼ 発送のお知らせ ▼ 到着予定 ▼ サポート窓口案内 ▼ 商品アピールなど ▼ 今後の利用（支援）をお願い

すっきり簡潔文例

件名：商品（●●）発送のお知らせ

ブンレイショップ　販売担当　山田です。

先日はご注文いただきまして、
ありがとうございました。
ご注文の商品を本日発送いたしました。

商品が到着いたしましたら、
よろしくご査収ください。
ご注文の品に関して、
ご質問、ご不明な点などございましたら、
サポートセンター（00-0000-0000）まで
お問い合わせください。

またのご利用をお待ちしております。
今後とも、よろしくお願い申しあげます。

記 -
商品名：●●●
数　量：●

＋α 丁寧度 UP
お世話になっております→
「日頃の感謝を表す（丁寧な）挨拶」（P.192）を使用。

丁寧度 UP
発送手段を記載。

＋α 丁寧度 UP
到着予定を記載。

丁寧度 UP
商品が到着～ →
貴着の節は～

＋α オリジナル度 UP
商品や活用方法についてひと言追加。

＋α 丁寧度 UP
詫びの言葉を追加。

フォーマル度 UP
「今後の支援を願う挨拶」
（P.193）を追加

108　ものの言い方［文例］辞典

関連 ✉ P.14 注文に対するお礼、P.86 商品注文の受諾、P.118 商品受領（着荷）の連絡

じっくり 丁寧 文例

件名：商品（●●）発送のお知らせ

ブンレイショップ　販売担当　山田です。
いつもご利用いただき、厚くお礼申しあげます。

先日はご注文いただきまして、
ありがとうございました。
ご注文の商品を本日●●宅急便にて発送いたしました。
1〜2日でお手元に到着する予定です。

貴着の節は、よろしくご査収くださいますよう、
お願い申しあげます。
ご注文の品に関して、
ご質問、ご不明な点などございましたら、
サポートセンター（00-0000-0000）まで
お問い合わせください。

この商品は当店の人気ナンバーワン商品です。
ぜひご活用いただき、
ご意見ご感想等お寄せいただけると幸いです。

お待たせして申し訳ございませんでした。
またのご利用をお待ちしております。

今後とも、引き続きお引き立て賜りますよう、
お願い申しあげます。

記 -
商品名：●●●
数　量：●

注釈

- 本題に入るまえに一呼吸おいて、丁寧な印象を与えます。
- 受け取る相手に役立つ情報を加えます。伝票の問い合わせ番号等あると、より親切です。
- 発送元の住所・発送方法からおよそ予測できますが、入っているとより親切です。
- より丁重な言い回しにします。「貴着」は、品物が相手のもとへ到着すること。
- 商品のよさを強調し、相手とのつながりを深めるきっかけをつくります。
- 発送までに時間がかかった場合は、改めてお詫びの言葉を入れて、誠意を見せます。
- 文面を丁重に締めくくります。

もの言い方［文例］辞典

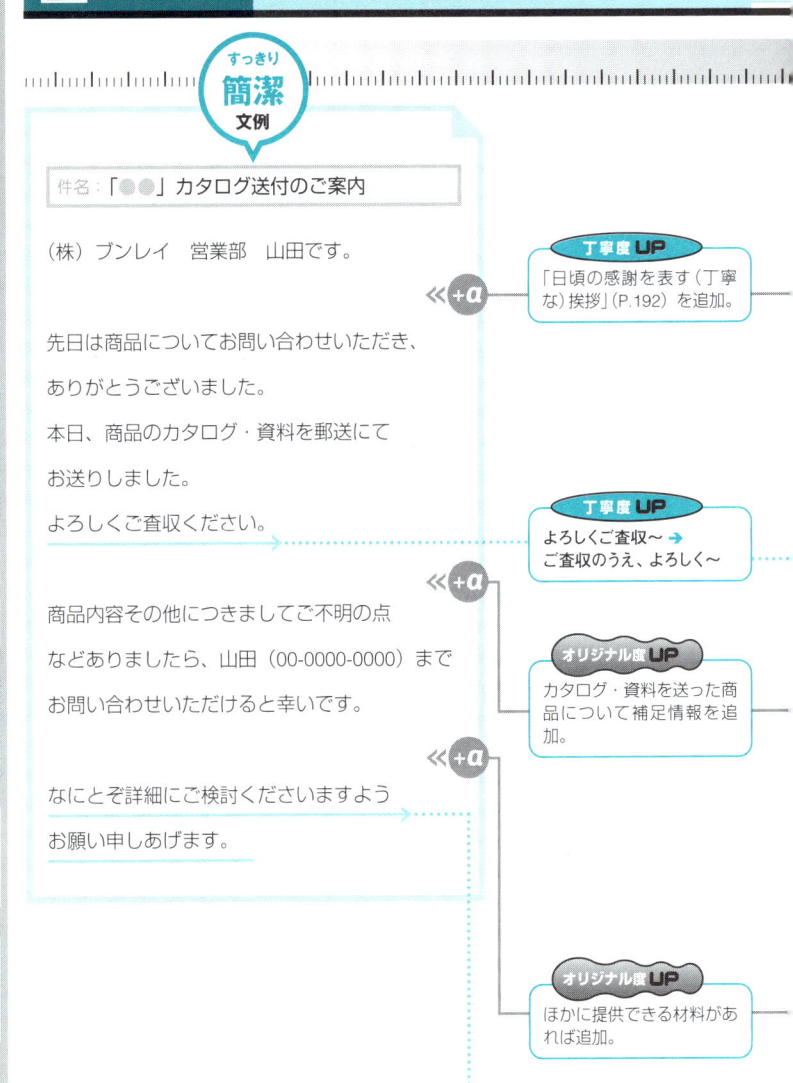

送付受領メール　◎カタログ・資料送付の連絡

文書の流れ
- 問い合わせに対するお礼
- 送付のお知らせ
- 当該商品の評判等
- 問い合わせ窓口案内
- その他付加情報
- 検討（購入）をお願い

すっきり簡潔文例

件名：「●●」カタログ送付のご案内

（株）ブンレイ　営業部　山田です。

先日は商品についてお問い合わせいただき、
ありがとうございました。
本日、商品のカタログ・資料を郵送にて
お送りしました。
よろしくご査収ください。

商品内容その他につきましてご不明の点
などありましたら、山田（00-0000-0000）まで
お問い合わせいただけると幸いです。

なにとぞ詳細にご検討くださいますよう
お願い申しあげます。

丁寧度UP
「日頃の感謝を表す（丁寧な）挨拶」（P.192）を追加。

丁寧度UP
よろしくご査収～ → ご査収のうえ、よろしく～

オリジナル度UP
カタログ・資料を送った商品について補足情報を追加。

オリジナル度UP
ほかに提供できる材料があれば追加。

インパクトUP
なにとぞ詳細にご検討～ → ～ぜひご用命いただけますよう～

関連 ✉ P.18 資料貸し出し・送付に対するお礼、P.70 商品カタログ送付の依頼

じっくり 丁寧 文例

件名：「●●」カタログ送付のご案内

（株）ブンレイ　営業部　山田です。
平素はひとかたならぬお引き立てを賜り、
厚くお礼申しあげます。

> 本題に入るまえに一呼吸おいて、丁寧な印象を与えます。

先日は商品についてお問い合わせいただき、
ありがとうございました。
本日、商品のカタログ・資料を
郵送にてお送りしました。
ご査収のうえ、よろしくお取りはからいのほど
お願い申しあげます。

> 受け取るだけでなく、その後のアクションを期待した言い回しにします。

お問い合わせいただいた商品「●●」は、
とくに20代後半の女性を中心に口コミで広まった話題の商品で、実際にお使いいただいた方々から高い評価を得ております。

> カタログには記載されていないような、評判や売れ行き等の情報を添えて、相手の関心を高めます。

商品内容その他につきましてご不明の点など
ございましたら、山田（00-0000-0000）まで
お問い合わせいただけると幸いです。

また、下記URLでは、ムービーの商品カタログも
ご覧になれます。
http://www.xxxxx.xxx/xxx/

> 要望されたもの以外の情報があれば提示します。

商品カタログ・資料と合わせてご閲覧いただき、
ぜひご用命いただけますようお願い申しあげます。

> より積極的にアピールします。

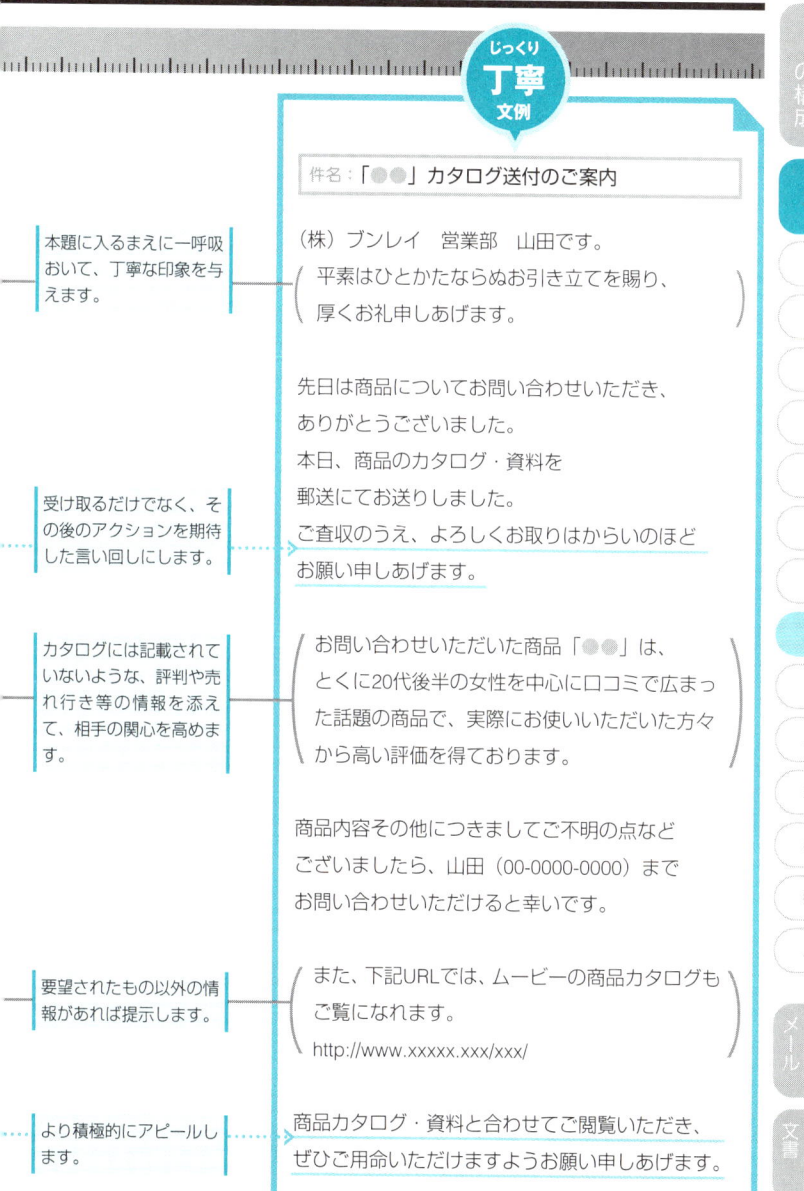

ものの言い方[文例]辞典　111

送付受領メール ◎ お歳暮・お中元送付の連絡

すっきり簡潔 文例

件名：**年末のご挨拶**

（株）ブンレイ
営業部　山田です。

いつも大変お世話になっております。
本年もあとわずかとなりました。

> **フォーマル度 UP**
> いつも大変〜。本年も〜となりました → 「安否の挨拶」（P.194）を使用。
> ※お中元用の表現は、下記用法MEMOを参照。

おかげさまをもちまして当社も、
大過なく年の瀬を迎えることができました。
これもひとえに皆様の温かいご支援によるものと、
厚くお礼申しあげます。

> **オリジナル度 UP**
> 自社の様子やエピソードを反映。
> ※お中元用の表現は、下記用法MEMOを参照。

> **インパクト UP**
> 厚くお礼申しあげます → 感謝のほかございません

つきましては、感謝の気持ちをこめまして、
お歳暮のしるしまでに粗品を別送いたしました。

> **オリジナル度 UP**
> お歳暮の内容を明記。

ご笑納いただければ 幸い でございます。

今後ともいっそうのお引き立てのほど、
お願い申しあげます。
メールにて恐縮ですが、
とり急ぎご挨拶申しあげます。

> **インパクト UP**
> 幸い → 幸甚

文書の流れ
- 一年の無事を報告
- 一年の厚情（親切）に感謝
- お歳暮別送のお知らせ
- お歳暮の中身に言及
- 今後の支援をお願い

用法 memo

文例をお中元用にするには、「歳暮」→「中元」とし、冒頭では、「本年もあと〜」→「暑い日が続いておりますが、いかがお過ごしでしょうか」、「年の暮れも〜」→「向暑の折」などに変更。また中盤の一年を振り返る箇所は、「おかげさまで〜ました」→「おかげさまで当社の業績も順調に伸びており（安定しており）」などで置き換えます。

関連 ✉ P.20 お歳暮・お中元 に対するお礼

じっくり 丁寧 文例

件名：年末のご挨拶

（株）ブンレイ
営業部　山田です。

年の暮れもいよいよ押し迫ってきましたが、
ますますご健勝のこととお喜び申しあげます。

おかげさまをもちまして当社も、
●●の好調な売り上げにより、
明るい年の瀬を迎えることができました。
これもひとえに皆様の温かいご支援によるものと、
感謝のほかございません。

つきましては、感謝の気持ちをこめまして、
お歳暮のしるしまでに
とれたての●●を北海道直送で
送らせていただきました。
2〜3日ほどで届く予定です。

ご笑納いただければ　幸甚　でございます。

今後ともいっそうのお引き立てのほど、
伏してお願い申しあげます。
メールにて恐縮ですが、とり急ぎご挨拶申しあげます。

- 書状・手紙の挨拶文を使用し、季節感をより強く出します。

- 相手にこちらの様子をよりよく伝え、季節の挨拶メールとしての意味を高めます。

- 普段使わない表現で、インパクトを強めます。類似表現に「深謝にたえません」など。

- 珍品や特徴あるものの場合、それを明記して相手の関心を高めます。
  一般的な表現として、
  「本日●デパートより粗品をお送りいたしました」
  「●を●デパートよりお送りしました」
  「●を別送いたしました」
  「別便にてお歳暮をお送りいたしました」
  など。

- 意味を強めます。「幸甚」はこれ以上ない幸せの意味。

ものの言い方[文例]辞典

送付受領メール ◎請求書送付の連絡

文書の流れ
- 請求書送付の連絡
- 支払い方法
- お支払いのお願い

すっきり簡潔 文例

件名：請求書送付のお知らせ

（株）ブンレイ

営業部　山田です。

いつも大変お世話になっております。

本日、●月分の請求書を、

郵送にてお送りいたしました。

つきましては、●月●日までに

お支払いくださいますよう

お願い申しあげます。

メールにて恐縮ですが、

とり急ぎお願い申しあげます。

フォーマル度 UP
いつも大変お世話になっております➡「日頃の感謝を表す（丁寧な）挨拶」(P.192)を使用。

丁寧度 UP
請求の内容を簡潔にまとめます。

丁寧度 UP
お支払いくださいますよう～
➡請求書に記載の口座にお振り込みくださいますよう～

丁寧度 UP
ご高配～
を追加。

用法memo　請求書を送る際に同封する請求状とほぼ同じ内容になります。送付したというお知らせをすることに意味があるため、簡潔にまとめます。

関連 ✉ P.116 送金の連絡

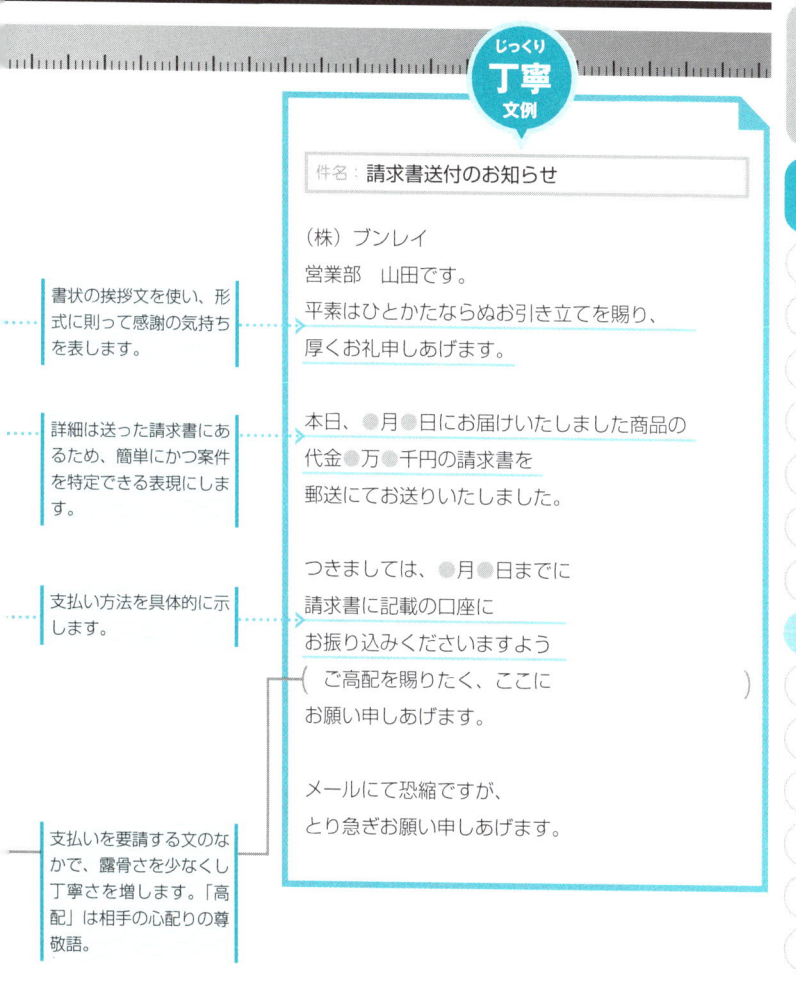

じっくり 丁寧 文例

件名：**請求書送付のお知らせ**

（株）ブンレイ
営業部　山田です。
平素はひとかたならぬお引き立てを賜り、
厚くお礼申しあげます。

本日、●月●日にお届けいたしました商品の
代金●万●千円の請求書を
郵送にてお送りいたしました。

つきましては、●月●日までに
請求書に記載の口座に
お振り込みくださいますよう
ご高配を賜りたく、ここに
お願い申しあげます。

メールにて恐縮ですが、
とり急ぎお願い申しあげます。

- 書状の挨拶文を使い、形式に則って感謝の気持ちを表します。
- 詳細は送った請求書にあるため、簡単にかつ案件を特定できる表現にします。
- 支払い方法を具体的に示します。
- 支払いを要請する文のなかで、露骨さを少なくし丁寧さを増します。「高配」は相手の心配りの尊敬語。

もの言い方［文例］辞典

送付受領メール ◎送金の連絡

すっきり簡潔文例

件名：送金のお知らせ

（株）ブンレイ

営業部　山田です。

いつも大変お世話になっております。

「●●●」の商品代金につきまして、

下記のとおり送金いたしましたので

ご通知申しあげます。

ご確認のほど、よろしくお願い申しあげます。

記 ------------------------------

・金　　額：●●万円

・振込先：●●銀行　●●支店　貴社口座

・振込日：●月●日

まずは、送金のご案内まで。

文書の流れ
- 送金のお知らせ ▼
- 領収書発行のお願い ▼
- 送金（振込）の要項

フォーマル度UP
いつも大変お世話になっております → 「日頃の感謝を表す（丁寧な）挨拶」（P.192）を使用。

丁寧度UP
振込の概要をひと言でまとめる。

オリジナル度UP
その他の要請事項を記載。

関連 ✉ P.114 請求書送付の連絡

じっくり 丁寧 文例

件名：**送金のお知らせ**

（株）ブンレイ
営業部　山田です。
平素はひとかたならぬお引き立てを賜り、
厚くお礼申しあげます。

さて、「●●●」の商品代金、金●●円、
本日、●●銀行●●支店の貴社口座あてに
送金いたしましたので、
お知らせ申しあげます。

なお、ご入金確認のうえ、
折り返し領収証をお送りくださいますよう
お願い申しあげます。

記 ------------------------------
・金　額：●●万円
・振込先：●●銀行　●●支店　貴社口座
・振込日：●月●日

まずは、送金のご案内まで。

書状の挨拶文を使い、形式に則って感謝の気持ちを表します。

簡条書きにして一覧性を高めた内容（記）を、文章中にコンパクトにまとめます。一読で用件が伝わるようにします。
一方、「下記のとおり」で代用とすると文書全体がすっきりします。

領収書の送付等、後処理として必要なことがあれば記載します。

ものの言い方［文例］辞典

送付受領メール ◎商品受領(着荷)の連絡

すっきり簡潔文例

件名:「●●」着荷のお知らせ

(株)ブンレイ

営業部の山田です。

いつも大変お世話になっております。

> **フォーマル度UP**
> いつも大変お世話になっております→「日頃の感謝を表す(丁寧な)挨拶」(P.192)を使用。

先日発送のお知らせをいただいた「●●」、

本日無事に着荷いたしました。

検品いたしましたところ、

全商品破損等の異常もなく、

数量も相違ございませんでした。

> **丁寧度UP**
> 確認(検品)の詳細を記述。

いろいろとご配慮いただき、

ありがとうございました。

> **丁寧度UP** 《+α
> 発注にあたって相手にかけた面倒に対してお詫びの言葉を追加。

今後ともよろしくお願い申しあげます。

> **オリジナル度UP** 《+α
> 商品の入手、着荷にあたって感想をひと言。

> **丁寧度UP**
> その他取引にあたって必要な連絡事項を追加。

118 ものの言い方[文例]辞典

関連 ✉ P.108 商品発送の連絡

じっくり 丁寧 文例

件名:「●●」着荷のお知らせ

(株)ブンレイ
営業部の山田です。
平素はひとかたならぬお引き立てを賜り、
厚くお礼申しあげます。

先日発送のお知らせをいただいた「●●」、
本日無事に着荷いたしました。

納品書と照合のうえ検品いたしましたところ、
当方の注文通りの品で
全商品破損等の異常もなく、
数量も相違ございませんでした。

(ご多忙中少量の商品のために
お手数をおかけしました。)

(急な発注のため少々心配しておりましたが、
無事到着し安心しております。)
いろいろとご配慮いただき、
ありがとうございました。

(受領書は、捺印のうえ
郵送にてお送りしておきます。)

今後ともよろしくお願い申しあげます。

- 書状の挨拶文を使い、形式に則って感謝の気持ちを表します。
- 書類との照合など、正式な確認作業を経て問題なかったことを伝えます。
- 無理をお願いした場合はフォローし、今後のつきあいにつなげます。
- 相手の苦労が多少なりとも報われるよう、喜びや安堵の声を添えます。
- 次の処理として重要なことを最後に押さえておきます。

送付受領

ものの言い方[文例]辞典　119

祝賀メール ◎ 役職就任（昇進）のお祝い

文書の流れ

- 昇進のお祝い
- 昇進の理由
- 直接出向かない弁明
- お祝い品送付のお知らせ
- 活躍を祈念

すっきり簡潔 文例

件名：部長就任のお祝い

（株）ブンレイ
営業部の山田です。
いつも大変お世話になっております。

さて、このたびは●●部 部長に ご昇進の由、
心からお祝い申しあげます。

これもひとえに 日頃のご精進の賜物 と
存じます。

今後とも
一層のご活躍をなさいますよう、
お祈り申しあげます。

メールにて恐縮ですが、
とり急ぎご祝詞申しあげます。

フォーマル度 UP
お世話になっております →
「日頃の感謝を表す（丁寧な）挨拶」（P.192）を使用。

丁寧度 UP
の由 →
なさいましたとのこと

オリジナル度 UP
昇進の理由を具体的に表現。

丁寧度 UP
直接出向いてお祝いを言いたい旨を追加。

丁寧度 UP
お祝いの品についての記述。

丁寧度 UP
健康を気遣うひと言を追加。

関連 P.24 着任祝いに対するお礼、P.122 栄転（転任）のお祝い

丁寧 じっくり 文例

件名：部長就任のお祝い

（株）ブンレイ
営業部の山田です。
平素はひとかたならぬお引き立てを賜り、
厚くお礼申しあげます。

さて、このたびは●●部 部長に
ご昇進なさいましたとのこと、
心からお祝い申しあげます。

これもひとえに、
これまで課長として活躍されてきた、
実績、手腕が認められたうえでのことと存じます。

本来ならばさっそくお祝いを申しあげに参上
すべきところですが、就任早々でご多忙のご様子、
お邪魔にならぬよう勝手ながら遠慮させていた
だきます。

なお、お祝いのしるしまでに
心ばかりの品を別便にてお送りいたしましたので
ご笑納いただければ幸いです。

今後とも
ご健康に留意なさり、
一層のご活躍をなさいますよう、お祈り申しあげます。

メールにて恐縮ですが、とり急ぎご祝詞申しあげます。

- 書状の挨拶文を使い、形式に則って感謝の気持ちを表します。

- 前者は簡潔にまとめられるフォーマルな言い方。「なさいました」を使用して敬意を表した言い方にします。さらにやや非日常的な丁寧な言い方としては、「ご昇進あそばされました由」など。

- 「日頃の精進」を具体的に表します。相手の仕事の実績や人格のすばらしさをたたえます。

- メールによる簡易な挨拶を詫びると同時に、すぐにでもかけつけてお祝いを言いたい気持ちを表します。

- お祝いの品を贈った場合は、受け取る相手の都合を気遣って、その旨を記載します。

- 要職に就くことで一般的にはより多忙になります。その相手の立場を思いやって健康を気遣います。

ものの言い方[文例]辞典

祝賀メール ◎栄転(転任)のお祝い

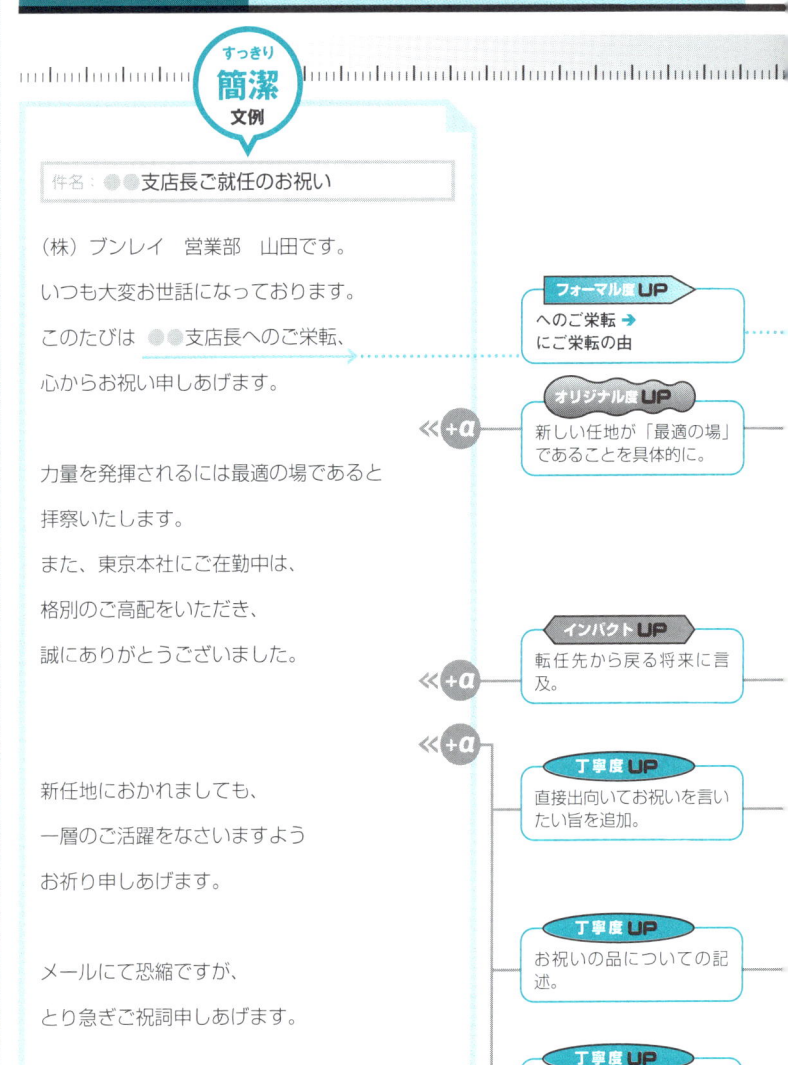

すっきり簡潔文例

件名：●●支店長ご就任のお祝い

(株)ブンレイ　営業部　山田です。
いつも大変お世話になっております。
このたびは●●支店長へのご栄転、
心からお祝い申しあげます。

力量を発揮されるには最適の場であると
拝察いたします。
また、東京本社にご在勤中は、
格別のご高配をいただき、
誠にありがとうございました。

新任地におかれましても、
一層のご活躍をなさいますよう
お祈り申しあげます。

メールにて恐縮ですが、
とり急ぎご祝詞申しあげます。

文書の流れ
- 栄転のお祝い
- 新役職・新任地での期待
- これまでのお礼
- 直接出向かない弁明
- お祝い品送付のお知らせ
- 活躍を祈念

フォーマル度 UP
へのご栄転 → にご栄転の由

オリジナル度 UP
新しい任地が「最適の場」であることを具体的に。

インパクト UP
転任先から戻る将来に言及。

丁寧度 UP
直接出向いてお祝いを言いたい旨を追加。

丁寧度 UP
お祝いの品についての記述。

丁寧度 UP
健康を気遣うひと言を追加。

関連 ✉ P.24 着任祝いに対するお礼、P.120 役職就任（昇進）のお祝い

じっくり 丁寧 文例

件名： ●●支店長ご就任のお祝い

（株）ブンレイ　営業部　山田です。
いつも大変お世話になっております。
このたびは、●●支店長にご栄転の由、
心からお祝い申しあげます。

支店は開設したばかりとうかがっておりますので、
新規顧客開拓で高い実績をあげられてきた●●様の
力量を発揮されるには最適の場であると
拝察いたします。

また、東京本社にご在勤中は、格別のご高配をいただき、
誠にありがとうございました。
いずれ本社へお戻りの節に
またお付き合い願えれば幸甚でございます。

本来ならばさっそくお祝いを申しあげに参上
すべきところですが、就任早々でご多忙のご様子、
お邪魔にならぬよう勝手ながら遠慮させていた
だきます。

なお、お祝いのしるしまでに
心ばかりの品を別便にてお送りいたしましたので
ご笑納いただければ幸いです。

栄転後しばらくはお忙しい日々が続くかと
存じますが ご健康に留意なさり、
新任地におかれましても 一層のご活躍を
なさいますよう、お祈り申しあげます。

- あらたまった感じを出す表現にします。「由」は「〜とのこと〜だそうで」の意味。
- 相手を鼓舞する言葉として説得力を増します。
- 先々のことについて触れることで長いつきあいを期待している気持ちを表します。
- メールによる簡易な挨拶を詫びると同時に、すぐにでもかけつけてお祝いを言いたい気持ちを表します。
- お祝いの品を贈った場合は、受け取る相手の都合を気遣って、その旨を記載します。
- 一層多忙になる相手の立場を思いやり、健康を気遣います。

ものの言い方［文例］辞典

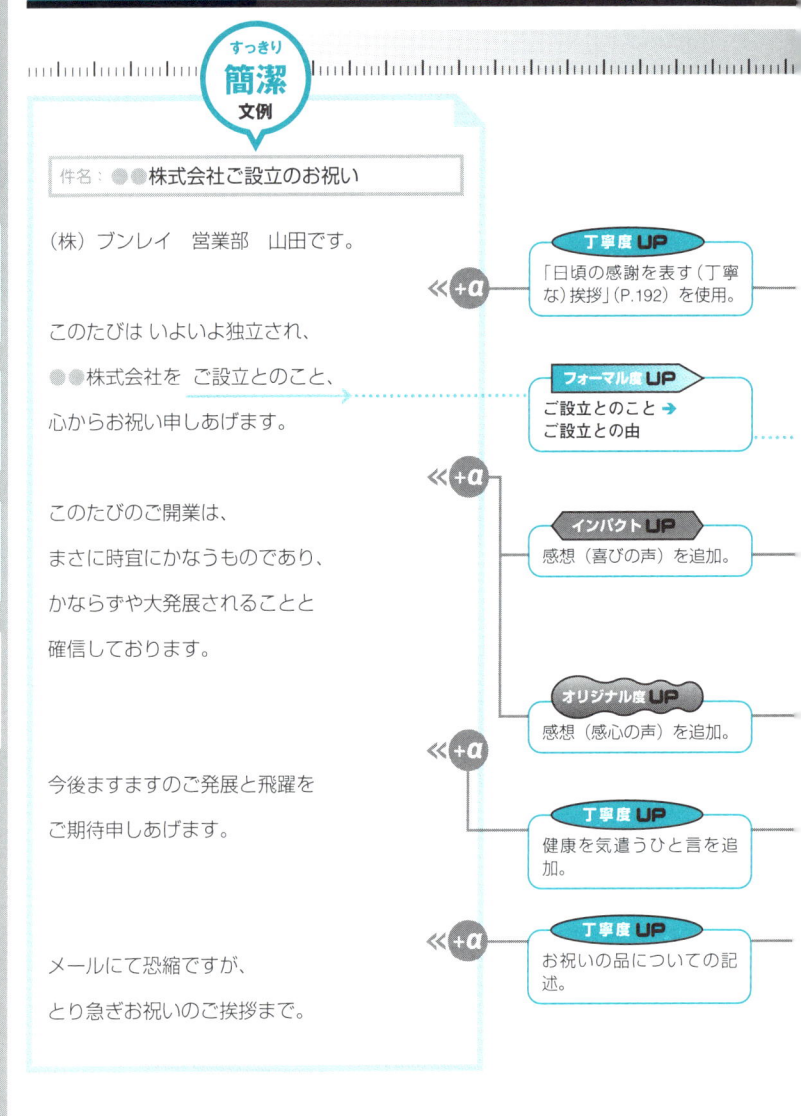

祝賀メール ◎独立・開業・開店のお祝い

文書の流れ
- 設立のお祝い
- 発展を期待
- 活躍を祈念
- お祝い品送付のお知らせ

すっきり簡潔文例

件名：●●株式会社ご設立のお祝い

（株）ブンレイ　営業部　山田です。

このたびは いよいよ独立され、
●●株式会社を ご設立とのこと、
心からお祝い申しあげます。

このたびのご開業は、
まさに時宜にかなうものであり、
かならずや大発展されることと
確信しております。

今後ますますのご発展と飛躍を
ご期待申しあげます。

メールにて恐縮ですが、
とり急ぎお祝いのご挨拶まで。

丁寧度 UP
「日頃の感謝を表す（丁寧な）挨拶」（P.192）を使用。

フォーマル度 UP
ご設立とのこと → ご設立との由

インパクト UP
感想（喜びの声）を追加。

オリジナル度 UP
感想（感心の声）を追加。

丁寧度 UP
健康を気遣うひと言を追加。

丁寧度 UP
お祝いの品についての記述。

用法 memo
開店、開業祝いには、忌み言葉を使わないように気をつけます。忌み言葉には、「倒れる」、「閉じる」、「失う」、「なくなる」、「つぶれる」、「壊れる」、「落ちる」、「さびれる」、「枯れる」、「散る」、「哀」、「衰」、「憂」などがあります。

124　ものの言い方［文例］辞典

関連 ✉ P.142 独立開業（開店）の挨拶

じっくり丁寧文例

件名：●●株式会社ご設立のお祝い

（株）ブンレイ　営業部　山田です。
平素はひとかたならぬお引き立てを賜り、
厚くお礼申しあげます。

さて、このたびは
いよいよ独立され、●●株式会社をご設立との由、
心からお祝い申しあげます。

会社設立という念願をかなえられたこと、
大変喜ばしく感激しております。
これまでのご精進、そのバイタリティには感服
するばかりです。

このたびのご開業は、まさに時宜にかなうものであり、
かならずや大発展されることと確信しております。

ご健康にはとくにご留意なさり、
今後ますますのご発展と飛躍をご期待申しあげます。

なお、お祝いのしるしまでに
心ばかりの品を別便にてお送りいたしましたので
ご笑納いただければ幸いです。

メールにて恐縮ですが、
とり急ぎお祝いのご挨拶まで。

- 本題に入るまえに一呼吸おいて、丁寧な印象を与えます。
- あらたまった感じを出す表現にします。「由」は「〜とのこと〜だそうで」の意味。
- 形式的な文のなかで、設立を自分のことのように喜ぶ言葉を使用し、相手にひときわ訴えかけます。たとえば、「皆で狂喜乱舞しております」など。
- これまでの労をねぎらい、たたえる言葉で盛り上げます。
- 一層多忙になる相手の立場を思いやり、健康を気遣います。
- お祝いの品を贈った場合は、受け取る相手の都合を気遣って、その旨を記載します。

ものの言い方［文例］辞典

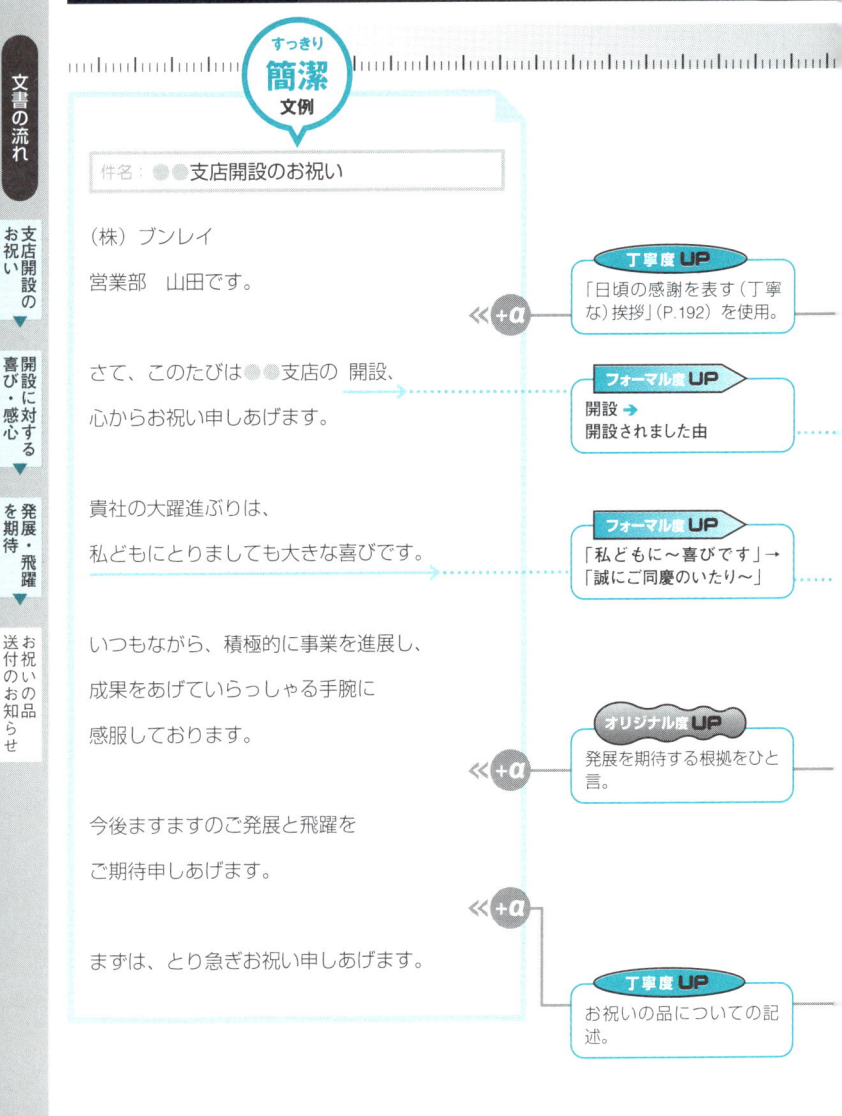

祝賀メール　◎新事務所・新支店開設のお祝い

文書の流れ

- 支店開設のお祝い
- 開設に対する喜び・感心
- 発展・飛躍を期待
- お祝いの品送付のお知らせ

すっきり簡潔文例

件名：●●支店開設のお祝い

(株) ブンレイ
営業部　山田です。

> **丁寧度 UP**
> 「日頃の感謝を表す(丁寧な)挨拶」(P.192)を使用。

さて、このたびは●●支店の 開設、
心からお祝い申しあげます。

> **フォーマル度 UP**
> 開設 →
> 開設されました由

貴社の大躍進ぶりは、
私どもにとりましても大きな喜びです。

> **フォーマル度 UP**
> 「私どもに〜喜びです」→
> 「誠にご同慶のいたり〜」

いつもながら、積極的に事業を進展し、
成果をあげていらっしゃる手腕に
感服しております。

> **オリジナル度 UP**
> 発展を期待する根拠をひと言。

今後ますますのご発展と飛躍を
ご期待申しあげます。

まずは、とり急ぎお祝い申しあげます。

> **丁寧度 UP**
> お祝いの品についての記述。

関連 ✉ P.142 独立開業（開店）の挨拶

じっくり 丁寧 文例

件名：●●支店開設のお祝い

（株）ブンレイ
営業部　山田です。

平素はひとかたならぬお引き立てを賜り、
厚くお礼申しあげます。

さて、このたびは●●支店を、開設されました由、
心からお祝い申しあげます。

貴社の大躍進ぶりは、
誠にご同慶のいたりでございます。

いつもながら、積極的に事業を進展し、
成果をあげていらっしゃる手腕に感服しております。

このたびの支店開設は、
誠に時宜を得たことであり、
今後ますますのご発展と飛躍を
ご期待申しあげます。

なお、お祝いのしるしまでに
心ばかりの品を別便にてお送りいたしましたので
ご笑納いただければ幸いです。

まずは、とり急ぎお祝い申しあげます。

- 本題に入るまえに一呼吸おいて、丁寧な印象を与えます。

- あらたまった言い回しを使います。「由」は「〜のこと、〜だそうで」の意味。

- ほぼ同じ意味ですが、書状用の言葉を使うことで喜びを丁寧かつより大きく表現します。「同慶」は、相手にも自分にとっても喜ばしいこと。

- 発展・飛躍を期待する気持ちの根拠を示し、説得力を増します。無難な言い方としては、
「時宜を得た」
「時と折に適った」また、
「積極果敢な経営は他を圧倒するものがあり」
など。

- お祝いの品を贈った場合は、受け取る相手の都合を気遣って、その旨を記載します。

ものの言い方 [文例] 辞典

祝賀メール ◎創立記念日のお祝い

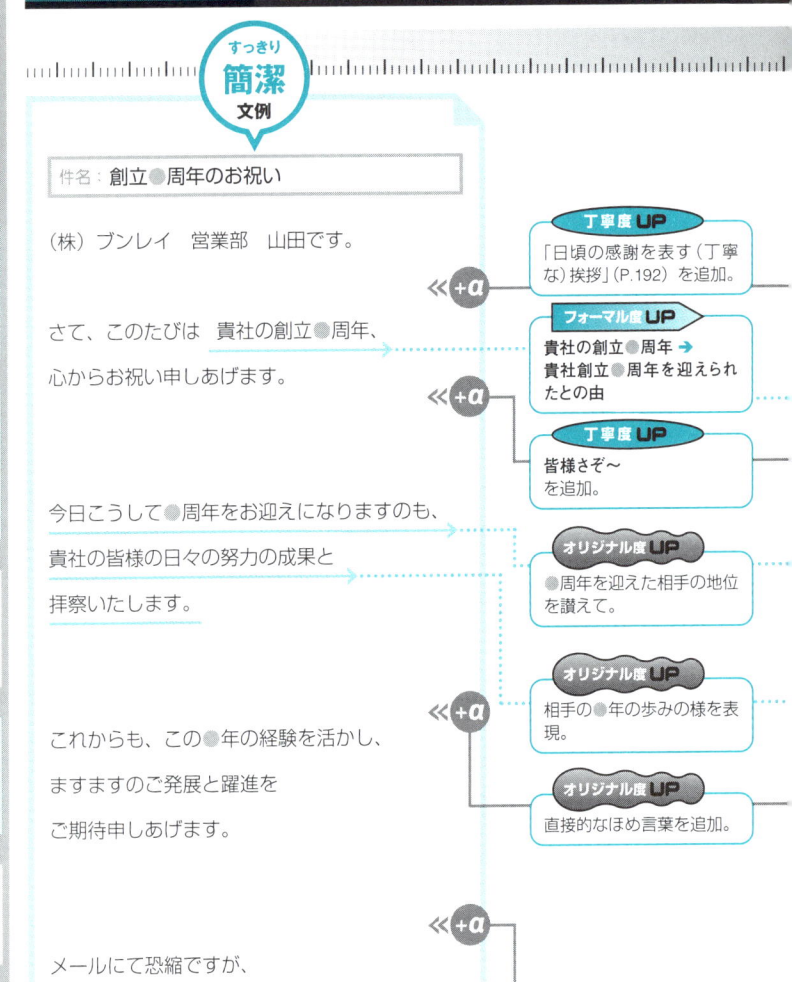

すっきり簡潔文例

文書の流れ
- ●周年のお祝い
- ●周年の努力を迎えた相手を賞賛
- 発展・活躍に対する感心
- さらなる発展を期待
- お祝いの品送付の連絡

件名：創立●周年のお祝い

（株）ブンレイ　営業部　山田です。

《+α》　**丁寧度 UP**　「日頃の感謝を表す（丁寧な）挨拶」（P.192）を追加。

さて、このたびは　貴社の創立●周年、
心からお祝い申しあげます。

フォーマル度 UP　貴社の創立●周年 → 貴社創立●周年を迎えられたとの由

《+α》　**丁寧度 UP**　皆様さぞ〜 を追加。

今日こうして●周年をお迎えになりますのも、
貴社の皆様の日々の努力の成果と
拝察いたします。

オリジナル度 UP　●周年を迎えた相手の地位を讃えて。

オリジナル度 UP　相手の●年の歩みの様を表現。

《+α》

これからも、この●年の経験を活かし、
ますますのご発展と躍進を
ご期待申しあげます。

オリジナル度 UP　直接的なほめ言葉を追加。

《+α》

メールにて恐縮ですが、
とり急ぎお祝い申しあげます。

丁寧度 UP　お祝いの品についての記述。

128　ものの言い方［文例］辞典

じっくり丁寧文例

件名：創立●周年のお祝い

(株)ブンレイ　営業部　山田です。
平素はひとかたならぬお引き立てを賜り、
厚くお礼申しあげます。

さて、このたびは、貴社創立●周年を迎えられたとの由、
心からお祝い申しあげます。
皆様さぞお喜びのことと存じます。

今日こうして業界内で比類なきポジションを
築かれましたのも
貴社の皆様の●●に対する深い情熱と、
粉骨砕身の努力の成果と推察いたします。

とくに近年、経済の先行き不透明感が広がる
なかで、破竹の勢いで発展を遂げられた
貴社のご活躍には、感服するばかりです。

これからも、この●年の経験を活かし、
ますますのご発展と躍進を
ご期待申しあげます。

なお、お祝いのしるしまでに
心ばかりの品を別便にてお送りいたしましたので
ご笑納いただければ幸いです。

メールにて恐縮ですが、とり急ぎお祝い申しあげます。

- 本題に入るまえに一呼吸おいて、丁寧な印象を与えます。
- 丁重な言い回しを使用しあらたまった印象にします。「由」は「〜のこと、〜だそうで」の意味。
- 周りを気遣い、「喜ばしいこと」が広がるかのような表現にします。
- 現在築かれた地位を讃えることで、●周年の感慨を深いものにします。
- 一般的に表現される「努力」をより具体的に表現することで、間接的なほめ言葉にします。
- 感服する内容を表現して、相手をほめ讃えます。何らかの「逆境」のなかでうんぬん……という流れが定番。
- お祝いの品を贈った場合は、受け取る相手の都合を気遣って、その旨を記載します。

ものの言い方[文例]辞典

祝賀メール　◎受賞のお祝い

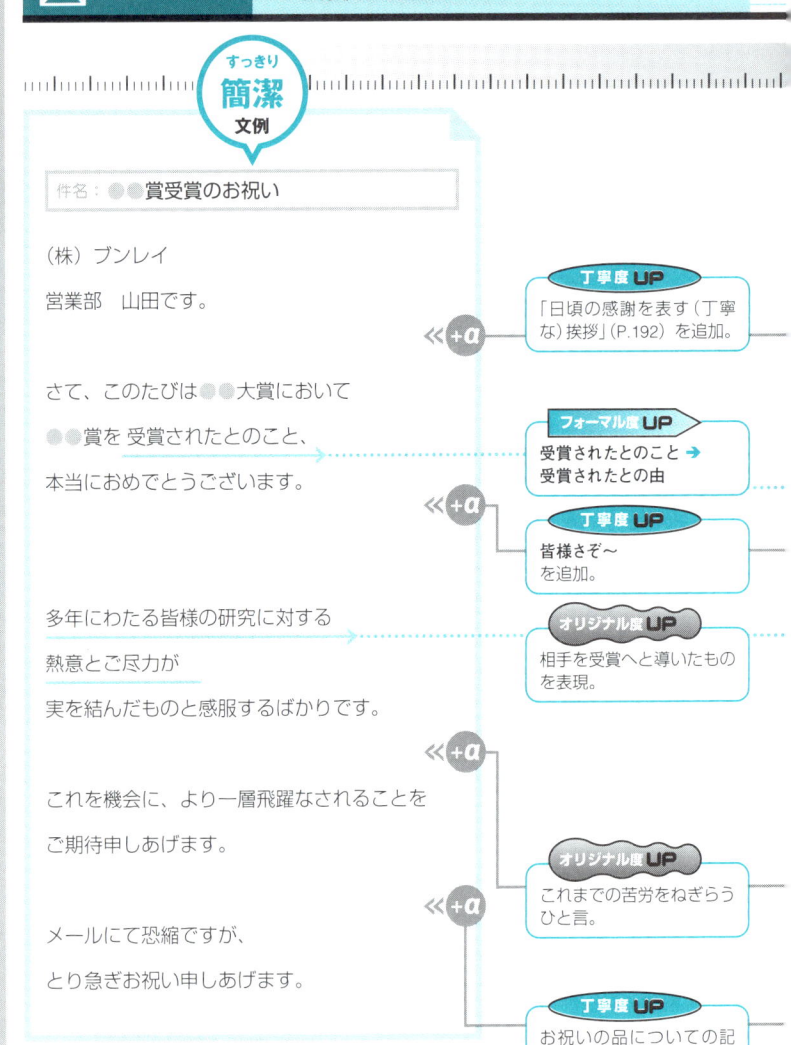

文書の流れ：受賞のお祝い ▼ 相手の努力を賞賛 ▼ 発展・飛躍を期待 ▼ お祝いの品送付のお知らせ

すっきり簡潔文例

件名：●●賞受賞のお祝い

（株）ブンレイ
営業部　山田です。

さて、このたびは●●大賞において
●●賞を 受賞されたとのこと、
本当におめでとうございます。

多年にわたる皆様の研究に対する
熱意とご尽力が
実を結んだものと感服するばかりです。

これを機会に、より一層飛躍なされることを
ご期待申しあげます。

メールにて恐縮ですが、
とり急ぎお祝い申しあげます。

丁寧度UP：「日頃の感謝を表す（丁寧な）挨拶」（P.192）を追加。

フォーマル度UP：受賞されたとのこと → 受賞されたとの由

丁寧度UP：皆様さぞ〜 を追加。

オリジナル度UP：相手を受賞へと導いたものを表現。

オリジナル度UP：これまでの苦労をねぎらうひと言。

丁寧度UP：お祝いの品についての記述。

じっくり丁寧文例

件名：●●賞受賞のお祝い

(株) ブンレイ
営業部　山田です。

> 平素はひとかたならぬお引き立てを賜り、
> 厚くお礼申しあげます。

さて、このたびは●●大賞におかれまして
●●賞を受賞されたとの由、
心からお祝い申しあげます。

> 皆様さぞお喜びのことと存じます。

●●に対する大きなこだわり、そして不屈の精神が
実を結んだものと感服するばかりです。

> これまでには、人には言えないご苦労が
> あったことと存じます。
> それだけに、お喜びもひとしおでしょう。

これを機会に、より一層飛躍なされることを
ご期待申しあげます。

> なお、お祝いのしるしまでに
> 心ばかりの品を別便にてお送りいたしましたので
> ご笑納いただければ幸いです。

メールにて恐縮ですが、
とり急ぎお祝い申しあげます。

- 本題に入るまえに一呼吸おいて、丁寧な印象を与えます。
- 丁重な言い回しを使用しあらたまった印象にします。「由」は「〜のこと、〜だそうで」の意味。
- 周りを気遣い、「喜ばしいこと」が広がるかのような表現にします。
- 相手のすばらしさを直接的にほめます。「●●一筋にもくもくと収集を続けてこられた情熱と探究心の賜物と」「皆様の鋭い観察眼と探求心の賜物と」など。
- 相手の努力を改めて認め、それが報われた喜びを表現します。
- お祝いの品を贈った場合は、その旨を記載。受け取る相手の都合を気遣った形になります。

もののの言い方［文例］辞典

挨拶メール　◎就職の挨拶

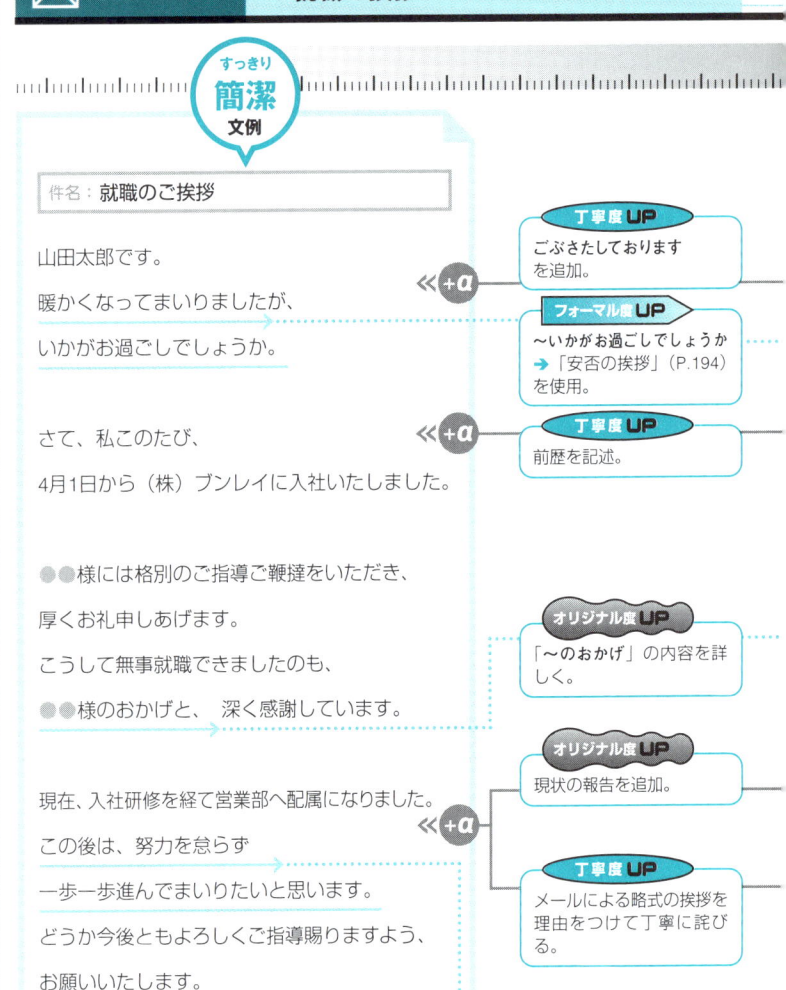

文書の流れ：入社の報告 ▼ これまでのお礼 ▼ 現状（近況）報告 ▼ とり急ぎの挨拶に対するお詫び ▼ 今後の抱負 ▼ 今後の支援をお願い

すっきり簡潔文例

件名：就職のご挨拶

山田太郎です。

暖かくなってまいりましたが、

いかがお過ごしでしょうか。

さて、私このたび、

4月1日から（株）ブンレイに入社いたしました。

●●様には格別のご指導ご鞭撻をいただき、

厚くお礼申しあげます。

こうして無事就職できましたのも、

●●様のおかげと、深く感謝しています。

現在、入社研修を経て営業部へ配属になりました。

この後は、努力を怠らず

一歩一歩進んでまいりたいと思います。

どうか今後ともよろしくご指導賜りますよう、

お願いいたします。

とり急ぎのご報告、メールにて失礼いたします。

丁寧度 UP：ごぶさたしておりますを追加。

フォーマル度 UP：～いかがお過ごしでしょうか → 「安否の挨拶」（P.194）を使用。

丁寧度 UP：前歴を記述。

オリジナル度 UP：「～のおかげ」の内容を詳しく。

オリジナル度 UP：現状の報告を追加。

丁寧度 UP：メールによる略式の挨拶を理由をつけて丁寧に詫びる。

オリジナル度 UP：抱負を自分の言葉で追加。

用法memo

簡潔であっても丁重に、メールでの簡略な挨拶を詫びることを忘れずに。現状の報告や抱負を述べるところで自分の言葉を使ったオリジナルの文面を使います。

関連 ✉ P.138 転職の挨拶

じっくり 丁寧 文例

件名：就職のご挨拶

山田太郎です。
ごぶさたしております。
●●様にはますますご健勝のこととご拝察いたします。

さて、私このたび、
●●大学●●学科を無事卒業し、
4月1日から（株）ブンレイに入社いたしました。

●●様には格別のご指導ご鞭撻をいただき、
厚くお礼申しあげます。
こうして無事就職できましたのも、
●●様の的確なアドバイスと温かい励ましのおかげと、
深く感謝しています。

現在、入社研修を経て営業部へと配属になりました。
まだまだ右も左もわからない状態ですが、
心地よい緊張感のなかで
新しいことに意欲的に取り組んでいます。

本来であれば、おうかがいして
ご挨拶申しあげるべきところですが、
入社早々で学習すべきことが多くございまして、
とり急ぎメールにて失礼しますことをお許しください。

この後は、今の気持ちを忘れずに、
一流の営業マンになることを目指して
全力を尽くしたいと思います。
どうか今後とも、よろしくご指導賜りますよう、
お願いいたします。

- 久々の連絡の場合は、まず「無沙汰（ぶさた）」を詫びて導入をスムーズにします。
- あらたまった言い方にして、きちんとした印象を与えます。
- 必要に応じて、入社前の前歴を示します。経緯を整然と報告する感じになります。転職の場合は、「●●株式会社を無事円満退社し」（P.138参照）など。
- 就職活動を支援してもらった場合は、それを具体的に示して、感謝していることを伝えます。
- 入社して今日までの様子や感想を加えて、報告に臨場感を出します。
- 忙しいけど忘れずに報告してくれた、という印象を残します。
- 具体的に示して意欲を伝えます。が、具体的すぎて嫌みにならないようにほどほどにします。

挨拶メール ◎転勤の挨拶

文書の流れ

- 転勤の報告
- これまでのお礼
- エピソード・感謝したい内容
- 再度お礼
- 直接挨拶できないお詫び
- 今後の抱負
- 今後の支援をお願い

すっきり簡潔文例

件名：大阪営業部へ転勤のご挨拶

（株）ブンレイ　営業部　山田です。

お世話になっております。

私このたび、●月●日付けで、

大阪営業部に転勤することになりました。

本社営業部在任中は　大変お世話になりました。

改めて、お礼申しあげます。

急な辞令で、直接ご挨拶にうかがうことも

ままならず、

申しわけなく思っております。

今後は新任地におきまして、

新しい職務に努力してまいります。

今後ともご支援のほど、

よろしくお願いいたします。

メールにて恐縮ですが、

とり急ぎご挨拶申しあげます。

フォーマル度UP
私このたび →
私こと、このたび
定型句を使用。

フォーマル度UP
大変お世話になりました →
「日頃の感謝を表す（丁寧な）挨拶」（P.192）を使用。

+α オリジナル度UP
過去のエピソードや具体的な感謝の内容、オリジナルの感想等を追加。

+α 丁寧度UP
メールでの簡易な挨拶を詫びるひと言を追加。

フォーマル度UP
新しい職務に〜 →
社業の発展に〜
定型句を使用。

フォーマル度UP
今後とも〜よろしくお願いいたします →「今後の支援を願う挨拶」（P.193）

134　ものの言い方［文例］辞典

じっくり 丁寧 文例

件名：大阪営業部へ転勤のご挨拶

（株）ブンレイ　営業部　山田です。
お世話になっております。

私こと、このたび ●月●日付けで、
大阪営業部に転勤することになりました。
本社営業部在任中は、
ひとかたならぬお引き立てを賜り、
厚くお礼申しあげます。
●●様には、新製品をご案内するたびに
的確なご意見・ご指摘を頂戴し、
多くのことを勉強させていただきました。
改めて、お礼申しあげます。

本来であれば、直接ご挨拶にうかがうべき
ところですが、
急な辞令で雑事に追われ、それもかなわず、
大変申しわけなく存じております。
あしからずご了承いただけると幸いです。

今後は新任地におきまして、
社業の発展に微力を尽くしたいと存じております。
今後とも一層のご指導ご鞭撻を賜りますよう、
お願い申しあげます。

メールにて恐縮ですが、
とり急ぎお礼かたがたご挨拶申しあげます。

- あらたまって報告する感を強めます。「私こと」は、転勤、転職等を知らせる挨拶状で使用される常套句。

- 丁重な挨拶文で、かしこまって感謝の気持ちを伝えます。

- 思い出やエピソードを取り上げることで、文面に活気を生み出し、相手との距離感を近くします。

- 直接挨拶できないことを詫びる気持ちや、礼を失したくない思いを伝えます。

- 文面を引き締め、より緊張感を表します。
同類に「社業の発展」、「業界の発展」、「微力を尽くす」など。

- 丁重な言葉で、より強い支援をお願いして締めくくります。

ものの言い方［文例］辞典

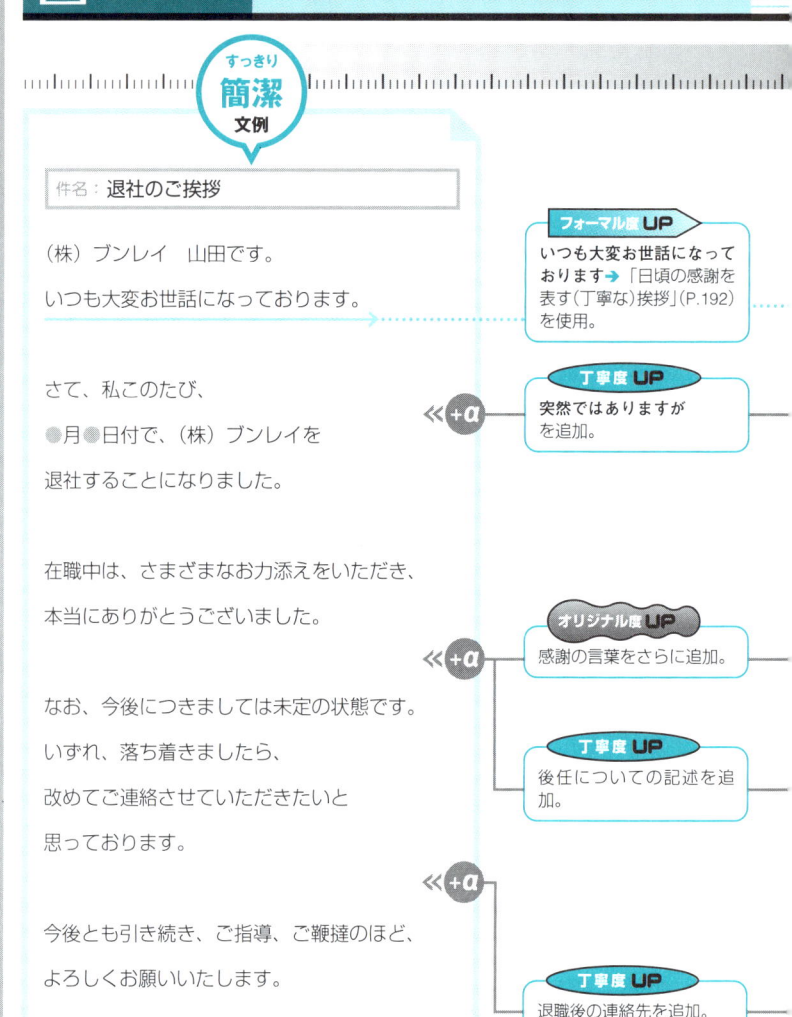

挨拶メール ◎退社(これから退社)の挨拶

すっきり簡潔文例

文書の流れ: 退社の報告 ▼ 在職中のお礼 ▼ 後任の紹介 ▼ 今後の進路 ▼ 退社後の連絡先 ▼ 今後の支援のお願い

件名：退社のご挨拶

（株）ブンレイ　山田です。
いつも大変お世話になっております。

さて、私このたび、
●月●日付で、（株）ブンレイを
退社することになりました。

在職中は、さまざまなお力添えをいただき、
本当にありがとうございました。

なお、今後につきましては未定の状態です。
いずれ、落ち着きましたら、
改めてご連絡させていただきたいと
思っております。

今後とも引き続き、ご指導、ご鞭撻のほど、
よろしくお願いいたします。

本来であれば、おうかがいして
ご挨拶申しあげるべきところですが、
とり急ぎのご報告、メールにて失礼いたします。

フォーマル度 UP
いつも大変お世話になっております→「日頃の感謝を表す(丁寧な)挨拶」(P.192)を使用。

丁寧度 UP
突然ではありますが を追加。

オリジナル度 UP
感謝の言葉をさらに追加。

丁寧度 UP
後任についての記述を追加。

丁寧度 UP
退職後の連絡先を追加。

136　ものの言い方[文例]辞典

関連 ✉ P.138 転職の挨拶

じっくり 丁寧 文例

件名：**退社のご挨拶**

(株) ブンレイ　山田太郎です。
平素はひとかたならぬ心遣いいただき、
厚くお礼申しあげます。

さて、私このたび、
（突然ではありますが）
●月●日付で、(株) ブンレイを退社することに
なりました。

在職中は、さまざまなお力添えをいただき、
誠にありがとうございました。
（●年間、無事勤めてこられましたのも、
皆様の温かいご支援、ご指導のおかげと
感謝しております。）

（●月●日までは通常通り勤務しておりますが、
今後●●についてのご連絡は、
後任の●●（xxx@xxxx）までお願いいたします。）

なお、私の今後につきましては未定の状態です。
いずれ、落ち着きましたら、
改めてご連絡させていただきたいと存じます。
（退社後私宛にご連絡いただく場合は、
xxx@xxxxxxまでお願いいたします。）

今後とも引き続き、ご指導、ご鞭撻のほど、
よろしくお願いいたします。

（以下「簡潔文例」と同じ）

- 書状の挨拶文を使い、形式に則って感謝の気持ちを表します。

- 退職まで日にちがない場合や退職の当日挨拶をする場合は、ひと言添えて衝撃をやわらげます。

- 不特定多数に対して言う場合は「皆様」を使用します。特定の「●●様」として、感謝する内容を応用するとオリジナル度が高くなります。「●●様の厳しくも温かい激励のおかげと」など。

- 後任に関して、共に挨拶に出向いて引き継ぐほどでもない場合は、退社の挨拶のなかで触れておきます。

- 現職の業務以外で、直接連絡をもらう可能性がある場合は、メールアドレスを伝えておくと便利です。

ものの言い方［文例］辞典

挨拶メール ◎転職の挨拶

すっきり簡潔文例

文書の流れ
- 退社の報告・転職
- これまでのお礼
- 今後の抱負
- 今後の支援をお願い

件名：転職のご挨拶

山田太郎です。

暖かくなってまいりました。

皆様いかがお過ごしでしょうか。

さて、私このたび、一身上の都合により

●●（株）を円満退社し、

（株）ブンレイに入社いたしました。

●●（株）在職中は、公私にわたり

ひとかたならぬご厚情 を賜り

誠にありがとうございました。

今後は、新しい会社で心機一転、

業務に全力を尽くす所存です。

なにとぞ、よろしくお願い申しあげます。

本来であれば、おうかがいして

ご挨拶申しあげるべきところですが、

とり急ぎのご報告、メールにて失礼いたします。

丁寧度 UP
ごぶさたしております を追加。

フォーマル度 UP
暖かく〜皆様いかがお過ごしでしょうか → 「安否の挨拶」（P.194）を使用。

インパクト UP
一身上の都合により → ●年間お世話になりました

オリジナル度 UP
ご厚情 を別の表現で言い換え。

インパクト UP
誠にありがとうございました → 誠にありがたく、深く感謝〜

丁寧度 UP
今後の抱負を「携わる業務の内容」、「抱負」とに分けて記述。

フォーマル度 UP
よろしくお願いいたします。 →「今後の支援を願う挨拶」（P.193）を使用。

関連 ✉ P.132 就職の挨拶、P.136 退社（これから退社）の挨拶

じっくり 丁寧 文例

件名：**転職のご挨拶**

山田太郎です。
ごぶさたしております。
皆様にはますますご健勝のことと拝察いたします。

さて、私このたび、
●年間 お世話になりました
●●（株）を円満退社し、
（株）ブンレイに入社いたしました。

●●（株）在職中は、公私にわたり
多大なるご支援、温かいご指導 を賜り、
誠にありがたく、深く感謝いたしております。

今後は、新しい会社にて●●業務に携わること
になりました。
非才微力の身ではありますが、
これまでの経験を活かして、
業務に全力を尽くす所存です。

なにとぞ、倍旧のご指導、ご鞭撻を賜りますよう、
お願い申しあげます。

本来であれば、おうかがいして
ご挨拶申しあげるべきところですが、
とり急ぎのご報告、メールにて失礼いたします。

左側注釈：

- 久々の連絡の場合は、まず「無沙汰（ぶさた）」を詫びて導入をスムーズにします。
- あらたまった言い方にして、きちんとした印象を与えます。
- 前の会社に対する感謝を表し、円満退社であったことをうかがわせます
- 感謝の対象をより具体的に表現してオリジナル度をアップします。支援、指導という繰り返しで、文章にリズムを出します。
- 感謝の言葉を重ねて、より強く表現します。
- 携わる業務が分かっている場合は、それを示して丁寧に報告します。「微力非力の身〜」は自分を謙遜して言う決まり文句。新しい仕事に謙虚な態度で真摯に臨む姿勢を表します。
- 丁重な言葉で、より強い支援をお願いして締めくくります。

ものの言い方[文例]辞典 139

挨拶メール ◎担当者変更の挨拶

文書の流れ
- 担当者の異動・退社の報告
- これまでのお礼
- 後任担当者の紹介
- 交代によるお詫び
- 本人が出向く意向
- 今後の支援をお願い

すっきり簡潔文例

件名：営業担当者変更のご挨拶

（株）ブンレイ　営業部　山田です。
いつも大変お世話になっております。

担当者の異動についてご連絡いたします。

これまで貴社を担当させていただきました●●は、
●月●日付で退社することになりました。

新たに同日付で、弊社営業部の●●が、
貴社を担当させていただくことになりました。

近日中に本人がおうかがいし、
ご挨拶申しあげる予定です。

前任者同様のご指導ご鞭撻を賜りますよう、
なにとぞよろしくお願い申しあげます。

まずはとり急ぎお知らせまで。

フォーマル度 UP
いつも大変お世話になっております → 「日頃の感謝を表す（丁寧な）挨拶」(P.192) を使用。

丁寧度 UP
変更の理由（事情）をより丁寧に記述。

+α 丁寧度 UP
前任者への高配に対してお礼を追加。

インパクト UP
担当させていただく → ご用命を承る

+α 丁寧度 UP
変更による迷惑を詫びるひと言。

+α 丁寧度 UP
支援をお願いするにあたってひと言追加。

用法 memo

異動・退社に伴う担当者の変更を、担当者の上司の立場から紹介します。本人からの連絡の前に一報入れておくと、丁寧な対応と感じられます。

じっくり 丁寧 文例

件名：営業担当者変更のご挨拶

（株）ブンレイ　営業部　山田です。
平素は格別のご高配を賜り、厚くお礼申しあげます。

担当者の異動についてご連絡いたします。

これまで貴社を担当させていただきました●●は、
本人の一身上の都合により、●月●日付で円満退社
いたすことになりました。
（ 多年にわたりご高配を賜り、
　 誠にありがとうございました。 ）

新たに同日付で、弊社営業部の●●が、
貴社の ご用命を承る ことになりました。
（ 交代によりご迷惑をおかけいたしますが、
　 なにとぞご容赦くださるようお願い申しあげます。 ）

近日中に本人がおうかがいし、
ご挨拶申しあげる予定です。

（ いたらぬ点も多いと存じますが、
　 新任者につきましても
前任者同様のご指導ご鞭撻を賜りますよう、
なにとぞよろしくお願い申しあげます。

まずはとり急ぎお知らせまで。

- 書状の挨拶文を使い、形式に則って感謝の気持ちを表します。
- 理由をより丁寧に示します。退社の場合はとくに問題なければ円満退社とします。
- 前任者への引き立てにお礼を述べることで、引き続いて引き立てをお願いしやすくします。
- 営業担当者の場合、「用命」という表現を使い役割を直接的に伝えます。
- こちらの都合で交代するため、その迷惑に対してお詫びをひと言入れて、几帳面な印象を残します。
- 身内をへりくだって言うことで、相手をたてた形になります。

ものの言い方［文例］辞典

挨拶メール ◎独立開業（開店）の挨拶

文書の流れ
- 会社設立のお知らせ ▼
- 会社・業務内容の紹介 ▼
- 今後の抱負 ▼
- 今後の支援のお願い ▼
- Webサイトの案内

すっきり簡潔文例

件名：（株）●●　設立のご挨拶

山田太郎です。

暖かくなってまいりましたが、

皆様いかがお過ごしでしょうか。

開業のご挨拶です。

> **丁寧度 UP** +α
> 自己紹介する内容を追加。

このたび私たちは、

●●●業務を行う（株）ブンレイを

設立いたしました。

> **丁寧度 UP** +α
> 先般、書状にて〜
> 書状の案内状を送付した旨を追加。

（株）●●時代に学んだ技術を活かして、

●●を手懸けていく所存でございます。

> **オリジナル度 UP**
> 抱負をまじえて業務内容を紹介。

歩み出したばかりの未熟な会社ですので、

なにとぞ、よろしくご指導のほど

お願いいたします。

> **丁寧度 UP** +α
> お世話になることも〜
> を追加。

Webサイトをオープンいたしました。

どうぞ、一度ご訪問くださいませ。

http://www.xxxxxxxxx/

> **オリジナル度 UP** +α
> Webサイトの内容など具体的に追加。

とり急ぎ、開業（開店）のご挨拶まで。

関連 ✉ P.124 独立・開業・開店のお祝い、P.144 廃業・閉店の挨拶

じっくり丁寧文例

件名：(株)●● 設立のご挨拶

(株)●● 在職中にお世話になりました
山田太郎です。

暖かくなってまいりましたが、
皆様いかがお過ごしでしょうか。
開業のご挨拶をいたしたく、メールをお送りしました。

先般、書状にてご案内いたしましたが、
このたび私たちは、
模型愛好家の方々にご満足いただける模型の輸入を
目指し、(株)ブンレイを設立いたしました。

こだわりの世界中の町並み模型をご紹介し、
多くの方に模型の魅力を実感していただき、かつ
お求めやすい価格で販売していけるよう
頑張る所存でございます。

歩み出したばかりの未熟な会社ですので、
皆様のお世話になることも多々あるかと思いますが、
なにとぞ、よろしくご指導のほどお願いいたします。

Webサイトをオープンいたしました。
私たちの理念、取扱商品、●●の魅力など
盛りだくさんの情報を紹介しております。
どうぞ、一度ご訪問くださいませ。
http://www.xxxxxxxxx/

とり急ぎ、開業のご挨拶まで。

初めてメールを送る相手や久しぶりの連絡の場合、相手とのつながりや過去の接点に応じて自分を紹介するひと言を加えます。

設立の案内状を書状で送付済みの場合は、あえてそれに触れてメールは補足であることを示します。「開業」の認知に努めている姿勢を表します。

具体的にアピールして、形式的な文面になりやすい書状の挨拶状とは別に、抱負をリアルに伝えます。

未熟者であることを謙遜しつつ指導・支援をお願いして、おつきあいを望む気持ちを表現します。

Webサイトの内容をより強くアピールしてアクセスを促し、メールの利点を活かした案内/挨拶状にします。

もののの言い方[文例]辞典

挨拶メール　◎廃業・閉店の挨拶

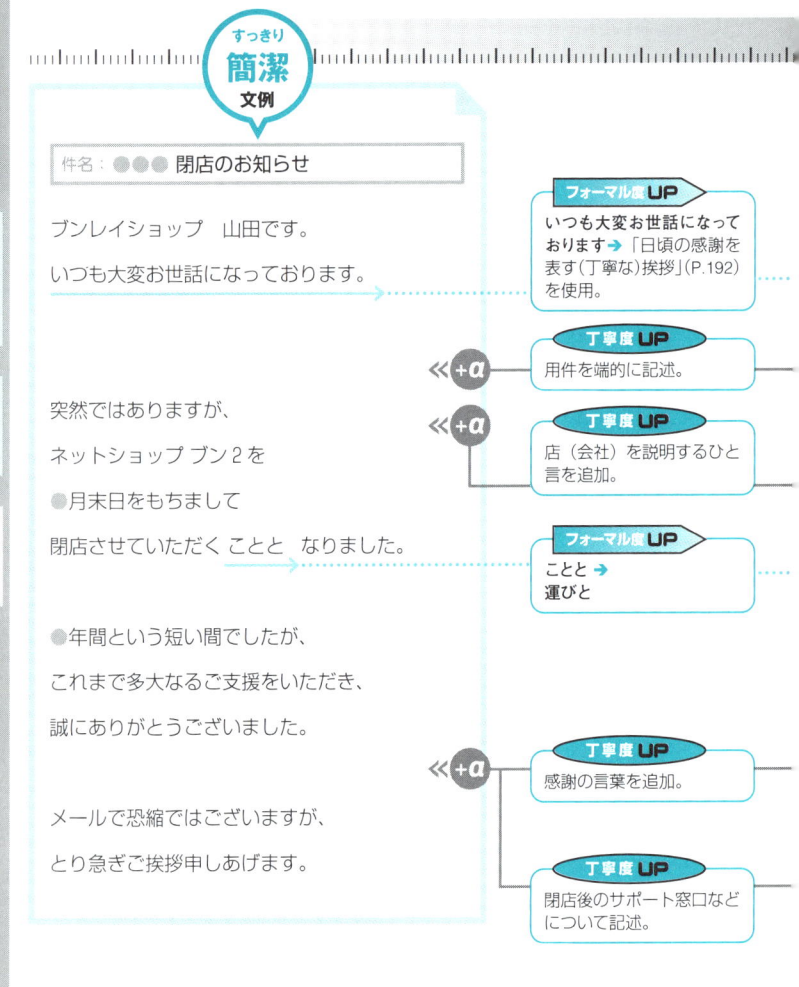

文書の流れ
- 閉店のお知らせ ▼
- これまでの感謝 ▼
- 業務の引き継ぎなど

すっきり簡潔 文例

件名：●●● 閉店のお知らせ

ブンレイショップ　山田です。
いつも大変お世話になっております。

> **フォーマル度UP**
> いつも大変お世話になっております → 「日頃の感謝を表す（丁寧な）挨拶」（P.192）を使用。

«+α **丁寧度UP** 用件を端的に記述。

突然ではありますが、
ネットショップ ブン2 を

«+α **丁寧度UP** 店（会社）を説明するひと言を追加。

●月末日をもちまして
閉店させていただく ことと なりました。

> **フォーマル度UP**
> ことと → 運びと

●年間という短い間でしたが、
これまで多大なるご支援をいただき、
誠にありがとうございました。

«+α **丁寧度UP** 感謝の言葉を追加。

メールで恐縮ではございますが、
とり急ぎご挨拶申しあげます。

丁寧度UP 閉店後のサポート窓口などについて記述。

関連 ✉ P.142 独立開業（開店）の挨拶

じっくり 丁寧 文例

件名：●●● 閉店のお知らせ

ブンレイショップ　山田と申します。
いつも格別のお力添えいただき、
ありがとうございます。

（ ネットショップ閉店のお知らせです。 ）

突然ではありますが、このたび
（ ブンレイ サイバー店としてご愛顧いただきました ）
ネットショップ ブン２を ●月末日をもちまして
閉店させていただく 運びと なりました。

●年間という短い間でしたが、
これまで多大なるご支援をいただき、
誠にありがとうございました。
（ ただただ感謝の気持ちで一杯です。 ）

（ なお、本店は引き続き営業しております。
　これまでお買いあげいただいた商品についての
　お問い合わせは、本店にておうかがいします。 ）

今後ともより一層のお引き立てを賜りますよう、
よろしくお願いいたします。

メールで恐縮ではございますが、
とり急ぎご挨拶申しあげます。

- 書状の挨拶文を使い、形式に則って感謝の気持ちを表します。
- 用件・結論を早い段階で伝えます。
- 自分たちの活動内容、立場を改めて示します。
- 「運び」という表現を使ってあらたまって告知。閉店・廃業を表す表現としては、「●●活動に終止符を打つこと」なども使われます。
- 感謝の言葉を重ねることによって、改めて深い感謝を表します。
- 閉店（廃業）後に業務を引き継ぐところが用意されている場合は、それを明記します。

メールの構成／文例（御礼／謝罪／説明／問合せ／依頼／了解受諾／断り／送付受領／祝賀／**挨拶**／通知／案内／抗議催促／見舞い）／メール簡条書き簡潔限定／メールにしづらい文書

もののの言い方 [文例] 辞典　145

挨拶メール ◎移転の挨拶

文書の流れ
- 移転のお知らせ
- 移転の理由
- これまでのお礼
- 移転先の利点
- 今後の抱負
- 今後の支援をお願い

すっきり簡潔 文例

件名：事務所移転のお知らせ

（株）ブンレイ　総務部　山田です。
お世話になっております。

このたび当社は、
●月●日をもちまして下記に移転することになりました。同時に電話番号も変わりますので、お知らせいたします。

新事務所は●●駅に近く、
より一層交通の便利な場所にございます。
近くにお越しの節は、ぜひお立ち寄りください。

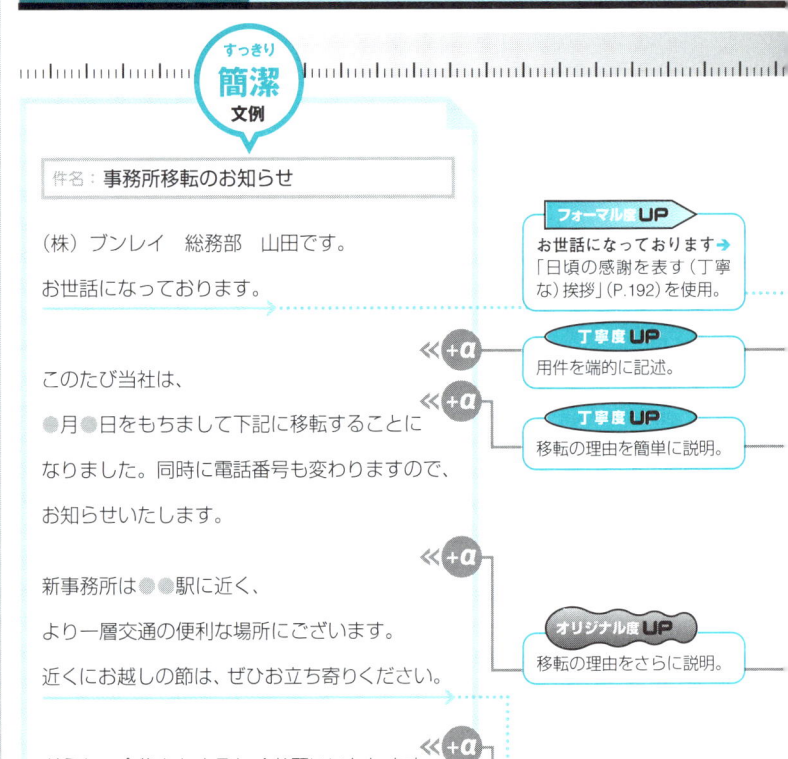

どうか、今後ともよろしくお願いいたします。
メールにて恐縮ですが、
とり急ぎご挨拶申しあげます。

記 -
新　住　所：
新電話番号：
移　転　日：
※●月●日まで、旧電話番号に連絡可能です。

フォーマル度 UP
お世話になっております→「日頃の感謝を表す（丁寧な）挨拶」（P.192）を使用。

丁寧度 UP
用件を端的に記述。

丁寧度 UP
移転の理由を簡単に説明。

オリジナル度 UP
移転の理由をさらに説明。

インパクト UP
新事務所（社屋）への訪問をより強く呼びかけ。

丁寧度 UP
今後の抱負を追加。

フォーマル度 UP
「今後の支援を願う挨拶」（P.193）を使用。

用法 memo　必要事項をよりわかりやすく伝えるには、本文をコンパクトにまとめます。移転をチャンスとしてアピールするには、書状も併用して移転後の利点を積極的にアピールします。

関連 ✉ P.205 通知 — 電話番号変更の通知

じっくり　丁寧　文例

件名：事務所移転のお知らせ

（株）ブンレイ　総務部　山田です。
平素は格別のお力添えいただき、
ありがとうございます。

事務所移転のお知らせです。

このたび当社は、
業務の拡大に伴い、
●月●日をもちまして下記に移転することに
なりました。同時に電話番号も変わりますので、
お知らせいたします。

おかげさまで、●●事業も好調に伸びており、
これまでの事務所では手狭となった次第です。
これもひとえに皆様のおかげと、
感謝いたしております。

新事務所は●●駅に近く、
より一層交通の便利な場所にございます。
社員一同お待ちしておりますので、
ぜひ一度、足をお運びください。

移転を機会に、社員一同より積極的に●●活動に
励み、ご期待に沿えるよう努力いたす所存です。

どうか、今後とも、格別のご支援を賜りますよう、
お願い申しあげます。
メールにて恐縮ですが、とり急ぎご挨拶申しあげます。

（以下「簡潔文例」と同じ）

- 書状の挨拶文を使い、形式に則って感謝の気持ちを表します。
- 用件・結論を早い段階で伝えます。
- 発展的移転の場合、それをさりげなくアピールします。逆の場合、「業務の効率化」などの表現が使われますが、あえてふれる必要もありません。
- 発展的移転の場合、具体的に何が好調で今後何をしようとしているかなどを、感謝の言葉とともにアピールします。
- 本当に尋ねてほしい場合は、「近くにお越しの節は〜」などと言わずに積極的に誘います。
- 移転が業務にとって好機となることを印象づけます。
- 丁重な言葉で、より強い支援をお願いして締めくくります。

もののいい方［文例］辞典　147

挨拶メール　◎社名変更の挨拶

文書の流れ

- 社名変更のお知らせ
- 変更の理由
- 迷惑をかけるお詫び
- 今後の抱負
- 今後の支援をお願い

すっきり簡潔文例

件名：社名変更のお知らせ

（株）ブンレイ　山田です。

お世話になっております。

本日は、弊社の社名変更のお知らせです。

先日書状にてご案内いたしましたが、
このたび当社は、企業イメージの
さらなる向上を目指して、●月●日より社名を
（株）ブンレイ から（株）●●●に
変更することになりました。

これを機会に、社員一同
新しい決意をもって社業に努めてまいります。

今後ともなにとぞ、よろしくお願いいたします。

メールにて恐縮ですが、とり急ぎご挨拶まで。

記 ------------------------------
旧社名：株式会社 ブンレイ
新社名：株式会社●●●
変更日：●月●日
備　考：住所、電話番号は変更ありません

フォーマル度 UP
お世話になっております→「日頃の感謝を表す（丁寧な）挨拶」(P.192)を使用。

オリジナル度 UP
変更の理由を、文章を別にして丁寧に説明。

丁寧度 UP
変更に伴う不便を詫びる言葉を追加。

フォーマル度 UP
抱負をより丁寧な決まり文句で表現。

フォーマル度 UP
「今後の支援を願う挨拶」(P.193)を使用。

用法memo　案内を徹底するために書状と合わせてメールを送信する場合は、要点のみを簡潔に示します。

関連 ✉ P.205 通知 — 電話番号変更の通知

じっくり 丁寧 文例

件名：社名変更のお知らせ

（株）ブンレイ　山田です。
平素は格別のお力添えいただき、ありがとうございます。
本日は、弊社の社名変更のお知らせです。

先日書状にてご案内いたしましたが、
このたび当社は、●月●日より社名を
（株）ブンレイ から（株）●●●に
変更することになりました。

当社は今年創立●周年を迎え、海外事業の進展
など事業内容も変化してまいりました。
これを機会に、企業イメージのさらなる明確化
のため社名を改めることにした次第です。

当面は皆様方にご面倒をおかけすることに
なりますが、なにとぞご了承くださるよう
お願いいたします。

この社名変更をきっかけといたしまして、
社員一同新しい決意をもって
社業に専心努力する所存です。

なにとぞ、より一層のご支援、ご指導のほど、
心からお願い申しあげます。

メールにて恐縮ですが、とり急ぎご挨拶申しあげます。

（以下「簡潔文例」と同じ）

書状の挨拶文を使い、形式に則って感謝の気持ちを表します。

理由が企業アピールの材料になる場合は、変更を告知する文とは別に説明します。
理由としては、「イメージアップ」、「業務内容の拡張に伴い」、「イメージの一新」、「一層の飛躍を目指して」などがあげられます。

手続きなど実務上の手数や、慣れるまでの意識上の不便など、相手に面倒をかけて申し訳ない気持ちを表現します。

社名変更後の抱負をやや堅い決まり文句でまとめることで、緊張感を表します。

丁重な言葉で、より強い支援をお願いして締めくくります。

メールの構成 / 文例 / 御礼 / 謝罪 / 説明 / 問合せ / 依頼 / 了解受諾 / 断り / 送付受領 / 祝賀 / **挨拶** / 通知 / 案内 / 抗議催促 / 見舞い / メール 簡条書き 簡潔限定 / メールにしづらい文書

ものの言い方［文例］辞典　149

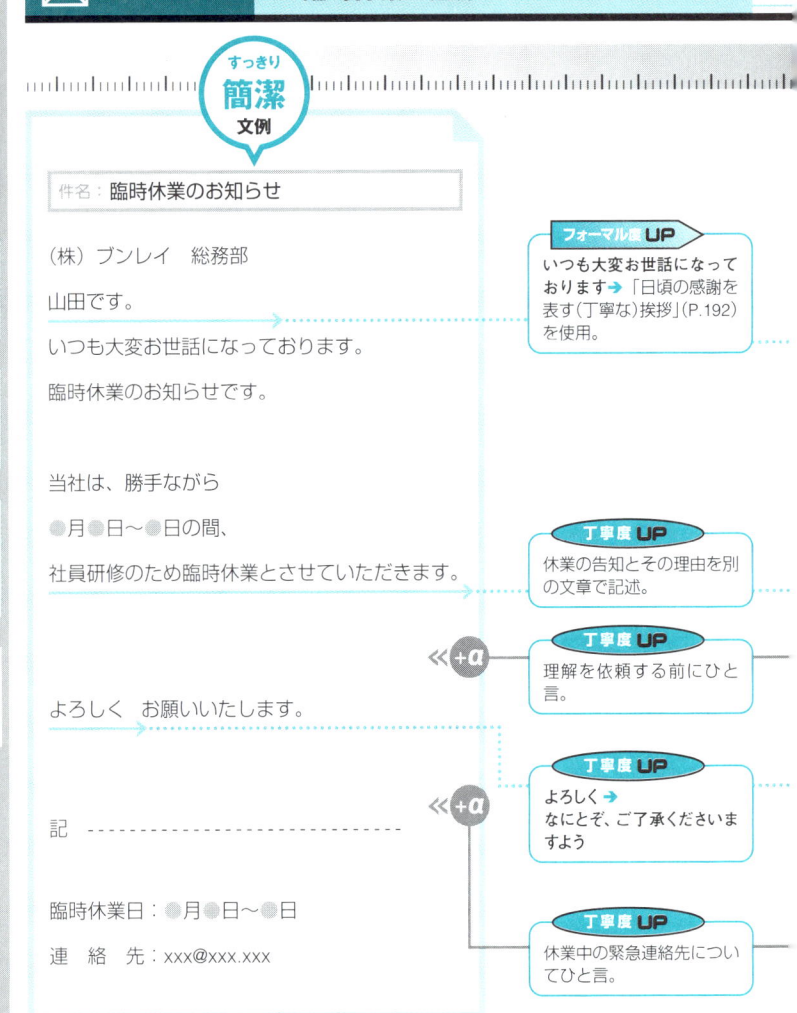

通知メール ◎ 臨時休業の通知

すっきり簡潔文例

文書の流れ：臨時休業のお知らせ ▼ 休業の理由 ▼ 了承のお願い ▼ 緊急連絡先

件名：臨時休業のお知らせ

（株）ブンレイ　総務部

山田です。

いつも大変お世話になっております。

臨時休業のお知らせです。

当社は、勝手ながら

●月●日～●日の間、

社員研修のため臨時休業とさせていただきます。

よろしく　お願いいたします。

記 ----------------------------

臨時休業日：●月●日～●日

連　絡　先：xxx@xxx.xxx

フォーマル度UP
いつも大変お世話になっております➡「日頃の感謝を表す（丁寧な）挨拶」（P.192）を使用。

丁寧度UP
休業の告知とその理由を別の文章で記述。

丁寧度UP ≪+α
理解を依頼する前にひと言。

丁寧度UP ≪+α
よろしく➡
なにとぞ、ご了承くださいますよう

丁寧度UP
休業中の緊急連絡先についてひと言。

関連 ✉ P.205 通知 — 電話番号変更の通知

じっくり 丁寧 文例

件名：臨時休業のお知らせ

（株）ブンレイ　総務部
山田です。
いつも格別のお引き立ていただき、
ありがとうございます。
臨時休業のお知らせです。

当社ではこのたび、●月●日〜●日の間、
人事異動にともなう社員研修を行います。
この間、誠に勝手ながら、
臨時休業とさせていただきます。

（　休業中はご迷惑をおかけしますが、　）
なにとぞ、ご了承くださいますよう
お願いいたします。

（　なお、緊急のご連絡は、
　　携帯電話（090-000-0000）までお願いいたします。　）

メールにて恐縮ですが、
とり急ぎお知らせ申しあげます。

記 -------------------------------

臨時休業日：●月●日〜●日
連　絡　先：xxx@xxx.xxx

- 書状の挨拶文を使い、形式に則って感謝の気持ちを表します。
- 順を追って、丁寧に通知します。理由が相手の納得につながるものであれば具体的に示します。あくまでこちらの事情なので「誠に勝手ながら」のひと言で申し訳なさを表現します。
- 相手の不便を気遣う気持ちを表現します。
- 「お許しいただきたい」というお詫びのニュアンスを含めてお願いします。
- 下記の項目についてあえて触れて説明することで、確実に伝えます。

ものの言い方［文例］辞典　151

| 通知メール | ◎ **製品値上げの通知** |

文書の流れ: 価格維持が困難 ▶ その理由 ▶ 値上げの知らせ ▶ 理解・了承のお願い

すっきり簡潔文例

件名：「●●（商品名）」価格改定のお知らせ

(株) ブンレイ　営業販売部　山田です。
お世話になっております。
当社商品「●●」の価格についてお知らせです。

貴社で販売いただいております「●●」ですが、
原材料費の高騰などにより、
現状価格の維持が困難になってまいりました。

当社では価格維持のため
努力を重ねてまいりましたが、
自助努力では吸収できない状況となり、
誠に不本意ながら、値上げを決定した次第です。

つきましては、●月●日より下記新価格を
適用させていただきたく存じます。

なにとぞ、諸事情をご理解のうえ
ご協力賜りますよう、お願い申しあげます。

改めてご連絡させていただきますが、
とり急ぎお知らせかたがたお願い申しあげます。

記 -
（以下「価格改定内容」など）

フォーマル度UP
お世話になっております→「日頃の感謝を表す（丁寧な）挨拶」(P.192)を使用。

オリジナル度UP
値上げの理由・事情をより丁寧に記述。

丁寧度UP 《+α》
努力の内容を記述。

インパクトUP
値上げを決定した次第です→値上げのやむなきにいたりました

丁寧度UP 《+α》
価格改定に理解を求めるにあたってひと言追加。

関連 ✉ P.100 値引きの依頼を断る

じっくり 丁寧 文例

件名：「●●（商品名）」価格改定のお知らせ

（株）ブンレイ　営業販売部　山田です。
平素は格別のご愛顧を賜り、厚くお礼申しあげます。
当社商品「●●」の価格について
お知らせ申しあげます。

貴社でお取り扱いいただいております「●●」ですが、
すでにご承知のとおり、原材料である●●の高騰や
その輸送コストの上昇が続いております。そのため、
現状価格の維持が困難になってまいりました。

当社では価格維持のため、
（　諸経費の削減、製造の合理化を図るなど　）
努力を重ねてまいりました。しかしながら、
もはやこうした自助努力では吸収できない状況となり、
誠に不本意ではございますが、
値上げのやむなきにいたりました。

つきましては、●月●日より
下記新価格を適用させていただきたく存じます。

（　誠に無理なお願いとは存じますが、　）
なにとぞ、諸事情をご理解のうえ
ご協力賜りますよう、お願い申しあげます。

改めてご連絡させていただきますが、
とり急ぎお知らせかたがたお願い申しあげます。

（以下「簡潔文例」と同じ）

- 書状の挨拶文を使い、形式に則って感謝の気持ちを表します。
- やむを得ない事情が伝わるように、できる限り具体的な理由を記述します。
- どのような努力を重ねたのか、その詳細を記述することで相手の納得につなげます。
- 自分たちの努力だけでは防ぎきれなかったという、外的要因の大きさをより訴えかけます。
- 相手の立場を思いやって「無理は重々承知」という気持ちを表現、やむを得なさを改めて強調してお願いします。

ものの言い方［文例］辞典　153

通知メール ◎採用内定の通知

すっきり簡潔文例

文書の流れ
- 応募に対するお礼
- 内定の通知
- 今後の手続き方法
- 激励・自愛を願う言葉
- 必要事項

件名：採用試験結果のお知らせ

（株）ブンレイ　人事部 山田です。

このたびは弊社社員募集にご応募いただき、
ありがとうございました。

> **丁寧度 UP**
> 直前の試験内容を踏まえてお礼の言葉。

慎重な審査の結果、
●●様の採用を内定いたしましたので、
お知らせいたします。

> **インパクト UP**
> 祝いの言葉を追加。

《+α

つきましては、
下記の書類を郵送いたしましたので、
よろしくご査収ください。

> **インパクト UP**
> 今後の手続き方法について具体的に記述。

なお、ご質問などありましたら、
下記までご連絡ください。

> **オリジナル度 UP**
> 期待の言葉を追加。

メールにて恐縮ですが、
とり急ぎご連絡申しあげます。

《+α

> **丁寧度 UP**
> 相手の健康を気遣うひと言。

記 -
・入社承諾書
・身元保証書

※連絡先：03-0000-0000（人事部 ●●）

関連 ✉ P.156 不採用の通知、P.204 通知 ― 採用試験の通知

じっくり 丁寧 文例

件名：採用試験結果のお知らせ

（株）ブンレイ　人事部 山田です。
先日は、採用面接にご足労いただき、
ありがとうございました。

慎重な審査の結果、
●●様の採用を内定いたしました。
おめでとうございます。

つきましては、
下記の書類を郵送いたしましたので、
必要事項を記入し、押印のうえ、
●月●日までにご返送ください。

なお、ご質問などありましたら、
下記までご連絡ください。

これまでのご経験を活かし、
ご活躍されますよう期待しております。
入社の日まで、どうかご自愛ください。

メールにて恐縮ですが、とり急ぎご連絡申しあげます。

記　- -
・入社承諾書
・身元保証書

※連絡先：03-0000-0000（人事部 ●●）

- 応募に対しての形式的な感謝の言葉より踏み込んで、個別に対応している感じを出します。
- 内定の事実だけでなく祝いの言葉を添えることで、文面に温かみを加えます。
- 郵送した書類について、記入して返送する必要があることを、あらかじめ伝えます。郵送物に添付する送付状と同様の内容をあえて記述して、念を押します。
- 内定の喜びを増す効果を与えながら、同時に気持ちを引き締めるよう激励します。
- 「入社の日まで」など特定のセンテンスを加えることで、形式的な「健康を気遣う一文」とは異なるメッセージにします。

ものの言い方［文例］辞典

通知メール ◎不採用の通知

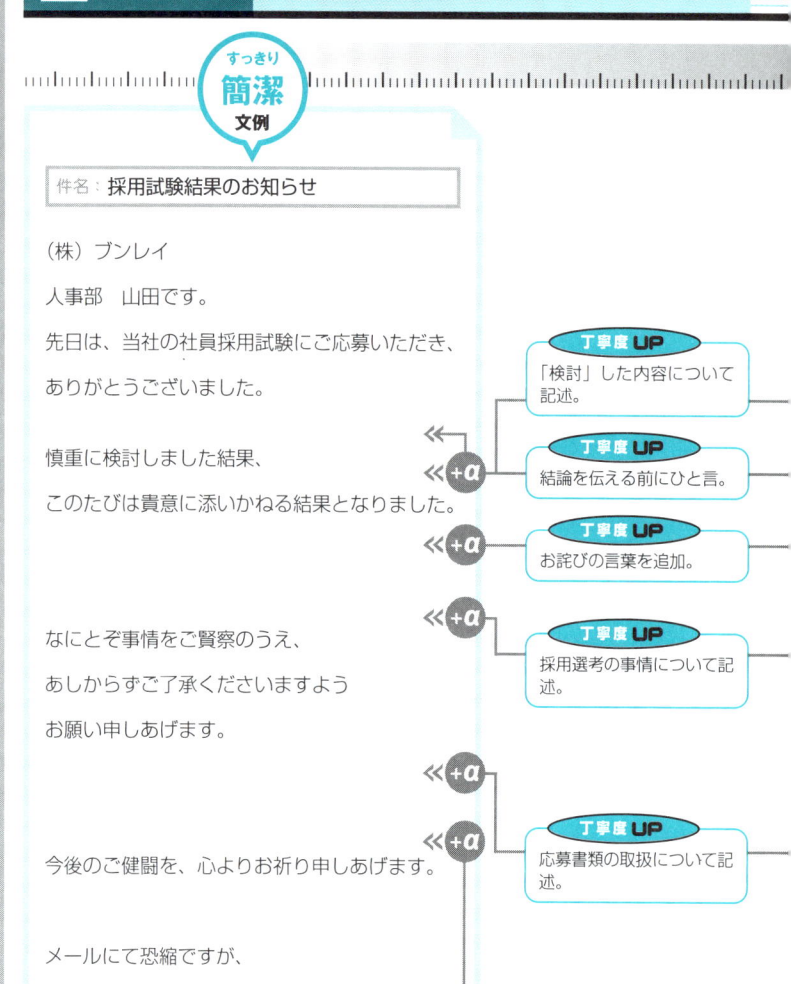

文書の流れ: 応募に対するお礼 ▼ 結果（不採用）の通知 ▼ お詫び ▼ 結果に至った事情 ▼ 理解・了承のお願い ▼ 書類返送の連絡 ▼ 健闘を祈念

すっきり簡潔文例

件名：採用試験結果のお知らせ

（株）ブンレイ

人事部　山田です。

先日は、当社の社員採用試験にご応募いただき、ありがとうございました。

慎重に検討しました結果、
このたびは貴意に添いかねる結果となりました。

なにとぞ事情をご賢察のうえ、
あしからずご了承くださいますよう
お願い申しあげます。

今後のご健闘を、心よりお祈り申しあげます。

メールにて恐縮ですが、
とり急ぎお知らせ申しあげます。

丁寧度UP
- 「検討」した内容について記述。
- 結論を伝える前にひと言。
- お詫びの言葉を追加。
- 採用選考の事情について記述。
- 応募書類の取扱について記述。
- 相手を励ますひと言を追加。

用法memo：相手の気持ちを考え、とにかく気遣った言い回しに徹します。

関連 ✉ P.154 採用内定の通知、P.204 通知 ― 採用試験の通知

じっくり 丁寧 文例

件名：採用試験結果のお知らせ

（株）ブンレイ　人事部　山田です。
先日は、当社の社員採用試験にご応募いただき、
ありがとうございました。

｜ 検討した経緯を示すためにも、検討材料を具体的に示します。

筆記試験および面接の結果をもとにいたしまして
慎重に検討しました結果、

｜ 結果の衝撃をやわらげると同時に、申し訳ない気持ちを表現します。

誠に残念ながら、
このたびは貴意に添いかねる結果となりました。

｜ ストレートに謝ることで、相手の落胆を少しでもカバーします。

ご期待に添えなくて誠に申しわけございません。

｜ 採用結果に関係する全体の事情を、あえて記します。「予想を上回る応募数」はよくある事情です。別の言い方に「応募者多数のため」など。

今回は予想をはるかに上回る応募数で、
選考は非常に難航いたしました。
なにとぞ事情をご賢察のうえ、
あしからずご了承くださいますよう
お願い申しあげます。

｜ 応募書類の返却を伝えます。郵送で送付したことをあらかじめ知らせておくと親切です。

なお、応募の際ご提出いただきました書類一式を
郵送にてお送りしました。よろしくご査収
くださいますようお願いいたします。

｜ 「今後の検討を祈る」気持ちを強調します。

どうぞお力落としなく、
今後のご健闘を、心よりお祈り申しあげます。

メールにて恐縮ですが、
とり急ぎお知らせ申しあげます。

もののの言い方 [文例] 辞典　157

案内メール ◎講演会（講習会）の案内

文書の流れ: 講演会開催のお知らせ → 講演会の内容 → 講演のメリット → 参加の呼びかけ → 開催要項

すっきり簡潔 文例

件名：●●講演会開催のお知らせ

ブンレイ協会　事務局　山田です。

お世話になっております。

講演会開催のお知らせです。

このたび当協会では、●●講演会を

下記のとおり　開催いたします。

●●大学教授の鈴木次郎先生をお迎えし、

インターネットを中心にした新しい形の就職・

採用活動について　ご講演いただきます。

ご多用中とは存じますが、

ぜひご出席くださるよう、お願いいたします。

記 -------------------------------
1．日時　●月●日（●曜日）●時～●時
2．場所　●●会館　第二ホール
　　　　　電話　00-000-0000
3．内容　●●●●●●●●●●●●●●●●●
　　講師　●●大学 ●学部教授　鈴木次郎先生

詳細は、http://www.xxxxxxxx/をご覧ください。

丁寧度 UP：「日頃の感謝を表す（丁寧な）挨拶」（P.192）を追加。

丁寧度 UP：用件をより丁寧に案内。

フォーマル度 UP：開催いたします → 開催する運びとなりました

丁寧度 UP：講師について説明。

オリジナル度 UP：相手にとってのメリットをひと言。

インパクト UP：万障お繰り合わせ〜 を追加。

関連 ✉ P.22 講師承諾に対するお礼、P.80 講習会講師の依頼、P.94 講演依頼の受諾

じっくり 丁寧 文例

件名：●●講演会開催のお知らせ

ブンレイ協会　事務局　山田と申します。
平素はひとかたならぬご懇情を賜り、
厚くお礼申しあげます。
本日は講演会開催をご案内いたしたく、
メールをお送りした次第です。

このたび当協会では、●●講演会を
下記のとおり 開催する運びとなりました。

（ 就職指導のスペシャリストでいらっしゃる ）
●●大学教授の鈴木次郎先生をお迎えし、
インターネットを中心にした新しい形の
就職・採用活動について ご講演いただきます。

（ 急速に進んだ新しい形の就職活動・採用事情を ）
（ 把握するよい機会でございます。 ）
ご多用中とは存じますが、
（ 万障お繰り合わせのうえ ）
ぜひご出席くださるよう、
よろしくお願い申しあげます。

記 --------------------------------
（以下「簡潔文例」と同じ）

- 本題に入るまえに一呼吸おいて、丁寧な印象を与えます。

- 面識のない人に案内を送る場合、最後まで目を通してもらうため、用件を丁重に伝えます。

- 「運び」は、物事をすすめてある段階に行き着くこと。「いよいよ開催」という感を表現します。

- 講師に関してひと言説明をつけ加えることで、講演に特殊な意味づけをしたり、興味をもってもらうきっかけにします。

- 講演を聴くメリットを具体的に示し、参加への意欲をかきたてます。

- ぜひ参加してほしい気持ちを丁寧な表現で訴えかけます。「万障お繰り合わせのうえ」は、「どうにか都合をつけて」という意味。

メールの構成 / 文例 / 御礼 / 謝罪 / 説明 / 問合せ / 依頼 / 了解受諾 / 断り / 送付受領 / 祝賀 / 挨拶 / 通知 / **案内** / 抗議督促 / 見舞い / 箇条書き簡潔限定メール / メールにしづらい文書

ものの言い方［文例］辞典

案内メール ◎忘年会の案内

すっきり簡潔文例

文書の流れ
- 忘年会開催のお知らせ
- 忘年会の主旨
- 参加の呼びかけ
- 返信のお願い
- 要項(日時、場所、会費など)

件名：●年 忘年会のご案内

●●部の山田です。

お疲れさまです。

> **丁寧度 UP**
> お疲れさまです →
> いつも大変お世話になっております

忘年会のお知らせです。

本年もいよいよ残りわずかとなりました。

恒例の忘年会を下記のとおり 開きます。

> **丁寧度 UP**
> 開きます →
> 催すこととなりました

今年1年を振り返り、互いの労をねぎらいつつ

新年に向けての英気を養いましょう。

ぜひ、ふるってご参会ください。 《+α

> **オリジナル度 UP**
> 忘年会の主旨をひと言。

ご質問などありましたら

幹事の山田(090-000-0000)までご連絡ください。

> **丁寧度 UP**
> 〜ご参会ください →
> 〜ご参会くださいますようお願いいたします

なお、準備の都合上、

出欠のお返事を、●月●日までにご返信ください。

> **丁寧度 UP**
> 返信の依頼を丁重な言葉に変更。

よろしくお願いします。 《+α

> **インパクト UP**
> 改めて参加を呼びかけ。

記 -
- 日時：●月●日　●時〜
- 場所：●●●
- 会費：●●●

じっくり 丁寧 文例

件名：(株) ブンレイ●年 忘年会のご案内

(株) ブンレイ　●●部　山田です。
いつも大変お世話になっております。
忘年会のお知らせです。

本年もいよいよ残りわずかとなりました。
弊社では恒例の忘年会を、
下記のとおり　催すこととなりました。

日頃のお力添えに感謝いたし、
また、親睦を深めたいと存じます。

（ お忙しいと存じますが、　　　　　　　　　　）
ぜひご参会くださいますようお願いいたします。

ご質問などございましたら
幹事の山田（090-000-0000）までご連絡ください。

なお、準備などの都合がございますので、
出欠のお返事を、●月●日までご返信いただけます
と幸いです。

（ では、ご参会お待ちしております。　　　　　　）
なにとぞ、よろしくお願いいたします。

記 -------------------------------
（以下「簡潔文例」と同じ）

- 「お疲れさまです」は社内、仲間内に対して使う言葉です。対外的には、「日頃の感謝を示す言葉」を使います。

- あらたまって案内します。「催す」を使うことで、イベントの規模が大きい印象になります。

- 社内向けには、「今年の反省・慰労」「次年度への精気・英気を養う」といった内容。社外向けには「日頃のご厚情・ご芳情に謝意を表する」「親睦を深める」などを使います。

- 参加の呼びかけというより「お願い」する表現を使って、より丁寧な印象に。社外や目上の人に向けて使います。

- へりくだる表現で、丁重に依頼します。

- 最後に呼びかけて、ぜひ参加してほしい気持ちを表現します。

ものの言い方［文例］辞典

案内メール　◎製品発表会の案内

すっきり簡潔 文例

文書の流れ
- 新製品発売のお知らせ ▼
- 発表会開催のお知らせ ▼
- 新製品の特徴説明 ▼
- 参加の呼びかけ ▼
- 返信のお願い ▼
- 要項（日時、場所など）

件名：新製品「●●●」発表会のご案内

（株）ブンレイ　広報部　山田太郎です。

いつも、お世話になっております。

新製品発表会のご案内です。

このたび、弊社の新製品「●●●」が完成し、

●月上旬に発売することになりました。

つきましては、一般発売に先立ち

皆様方に　ご覧いただきたく、

新製品発表会を下記のとおり　開催いたします。

ぜひご来場くださいますよう、お願いいたします。

ご不明な点などございましたら、

広報部 山田（03-0000-0000）までご連絡ください。

メールにて恐縮ですが、

とり急ぎご案内申しあげます。

記
- 日時：●月●日　●時〜
- 場所：●●●

フォーマル度 UP
いつもお世話になっております → 「日頃の感謝を表す（丁寧な）挨拶」（P.192）を使用。

フォーマル度 UP
発売することに〜 → 発売の運びと〜

オリジナル度 UP ≪+α
製品の特徴を追加。

オリジナル度 UP
案内する相手に応じて言い換え。

丁寧度 UP ≪+α
開催いたします → 開催させていただきます

丁寧度 UP
ご多用中のところ〜 を追加。

丁寧度 UP ≪+α
出欠の返事を要請。

関連 ✉ P.56 商品発売遅延についての弁明

じっくり 丁寧 文例

件名：新製品「●●●」発表会のご案内

（株）ブンレイ　広報部　山田太郎です。
平素は、格別のお力添えいただき、
ありがとうございます。
新製品発表会のご案内です。

このたび、弊社の新製品「●●●」が完成し、
●月上旬にいよいよ 発売の運びとなりました。

新製品「●●●」は、従来品にはない
優れた機能と常識をくつがえす斬新なデザインを
兼ね備えた商品です。

つきましては、一般発売に先立ち
お得意様方および報道関係者の方々に
ご高覧いただき、ご高評を承りたく、
新製品発表会を下記のとおり 開催させていただきます。

ご多用中のところ恐縮ですが、
ぜひご来場くださいますよう、お願いいたします。

ご不明な点などございましたら、
広報部 山田（03-0000-0000）までご連絡ください。

なお、大変お手数ですが、ご来場の有無を
●月●日までにご返信いただけると幸いです。

メールにて恐縮ですが、とり急ぎご案内申しあげます。

記 --------------------------------
（以下「簡潔文例」と同じ）

- 書状の挨拶文を使い、形式に則って感謝の気持ちを表します。
- 「運び」という表現を使って、あらたまって告知する感じを出します。「運び」は物事を進めること、進めて或る段階にいきつくこと。
- 特徴を紹介することで、相手の興味を喚起し参加を促します。
- どういう人を対象に案内しているかをはっきりします。
- へりくだった言い方で、謙虚に案内します。
- 相手の多忙の身を気遣うひと言を加え、後に続く来場を望む気持ちを強調します。
- 必要に応じて、出欠の返事を求める一文を最後に加えます。

ものの言い方［文例］辞典　163

案内メール ◎送別会の案内

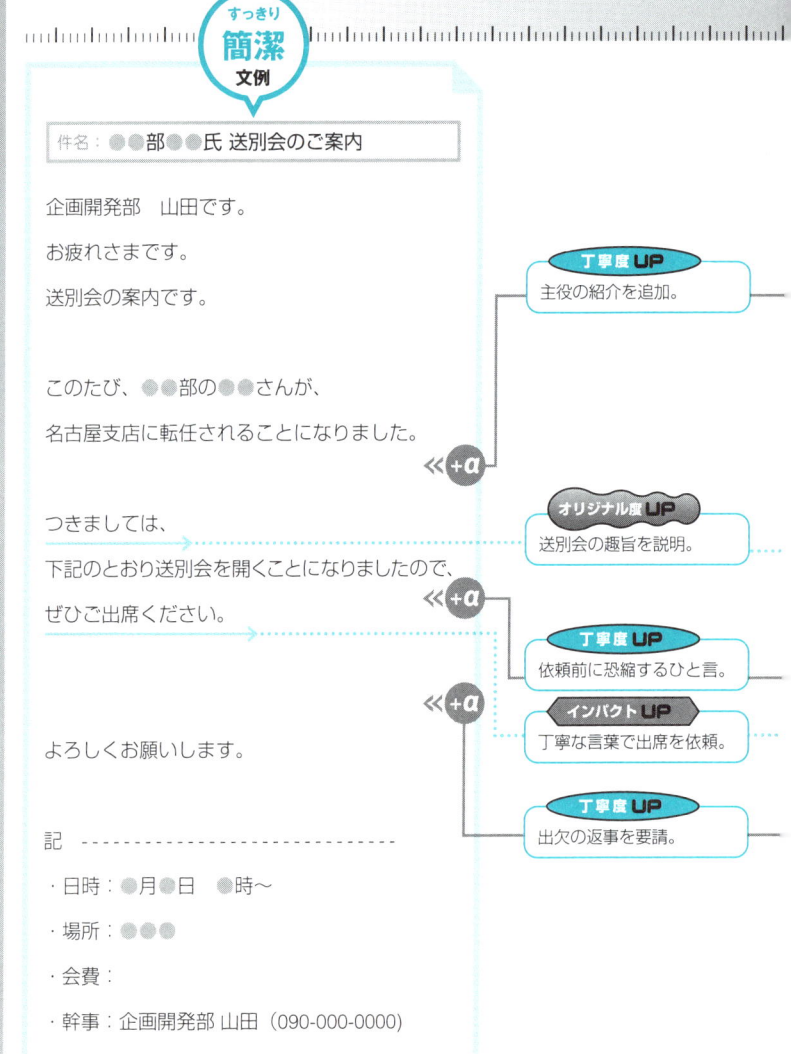

すっきり簡潔文例

件名：●●部●●氏 送別会のご案内

企画開発部　山田です。

お疲れさまです。

送別会の案内です。

> **丁寧度 UP**
> 主役の紹介を追加。

このたび、●●部の●●さんが、

名古屋支店に転任されることになりました。

> **オリジナル度 UP**
> 送別会の趣旨を説明。

つきましては、

下記のとおり送別会を開くことになりましたので、

ぜひご出席ください。

> **丁寧度 UP**
> 依頼前に恐縮するひと言。

> **インパクト UP**
> 丁寧な言葉で出席を依頼。

よろしくお願いします。

> **丁寧度 UP**
> 出欠の返事を要請。

記 ----------------------------

・日時：●月●日　●時〜

・場所：●●●

・会費：

・幹事：企画開発部 山田（090-000-0000）

文書の流れ

- 転任・異動のお知らせ
- 対象者の紹介
- 送別会の主旨
- 送別会開催のお知らせ
- 参加の呼びかけ
- 返信のお願い
- 要項（日時、場所など）

関連 ✉ P.30 送別会に対するお礼

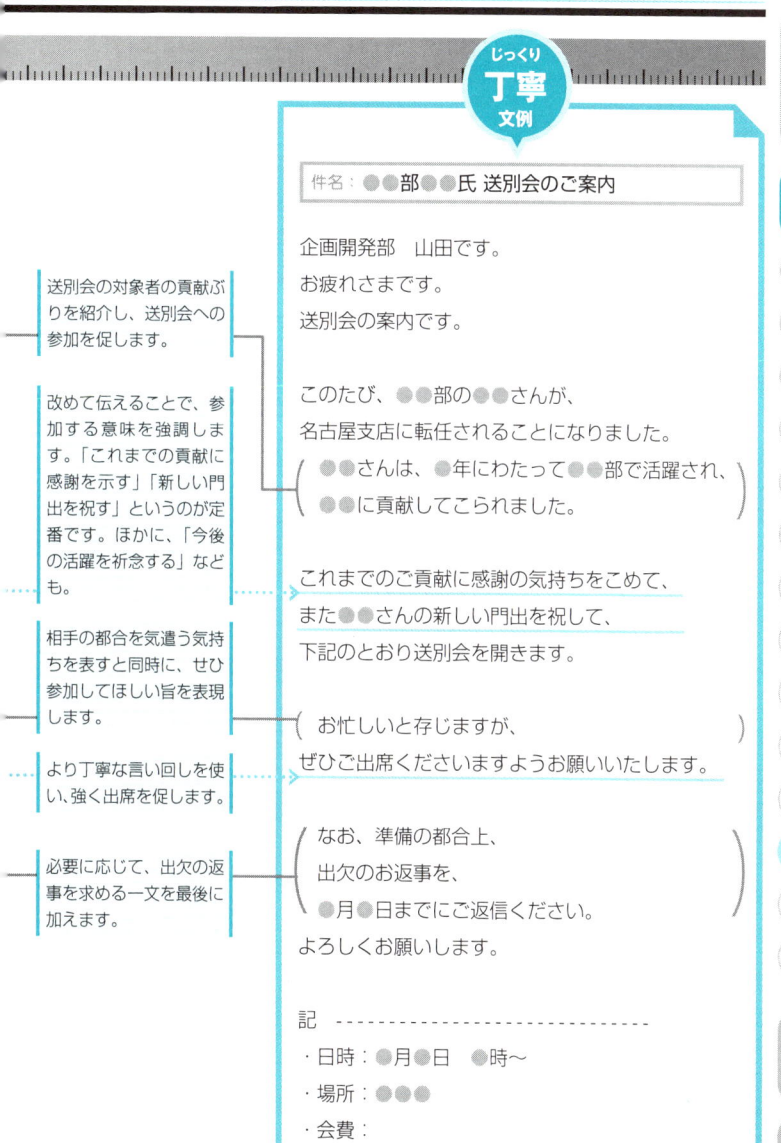

じっくり 丁寧 文例

件名：●●部●●氏 送別会のご案内

企画開発部　山田です。
お疲れさまです。
送別会の案内です。

このたび、●●部の●●さんが、
名古屋支店に転任されることになりました。
●●さんは、●年にわたって●●部で活躍され、
●●に貢献してこられました。

これまでのご貢献に感謝の気持ちをこめて、
また●●さんの新しい門出を祝して、
下記のとおり送別会を開きます。

お忙しいと存じますが、
ぜひご出席くださいますようお願いいたします。

なお、準備の都合上、
出欠のお返事を、
●月●日までにご返信ください。
よろしくお願いします。

記 -
・日時：●月●日　●時～
・場所：●●●
・会費：
・幹事：企画開発部 山田（090-000-0000）

左側の注釈：

- 送別会の対象者の貢献ぶりを紹介し、送別会への参加を促します。
- 改めて伝えることで、参加する意味を強調します。「これまでの貢献に感謝を示す」「新しい門出を祝す」というのが定番です。ほかに、「今後の活躍を祈念する」なども。
- 相手の都合を気遣う気持ちを表すと同時に、ぜひ参加してほしい旨を表現します。
- より丁寧な言い回しを使い、強く出席を促します。
- 必要に応じて、出欠の返事を求める一文を最後に加えます。

右側タブ： 御礼／謝罪／説明／問合せ／依頼／了解受諾／断り／送付受領／祝賀／挨拶／通知／**案内**／抗議催促／見舞い

ものの言い方 [文例] 辞典

案内メール　◎歓迎会の案内

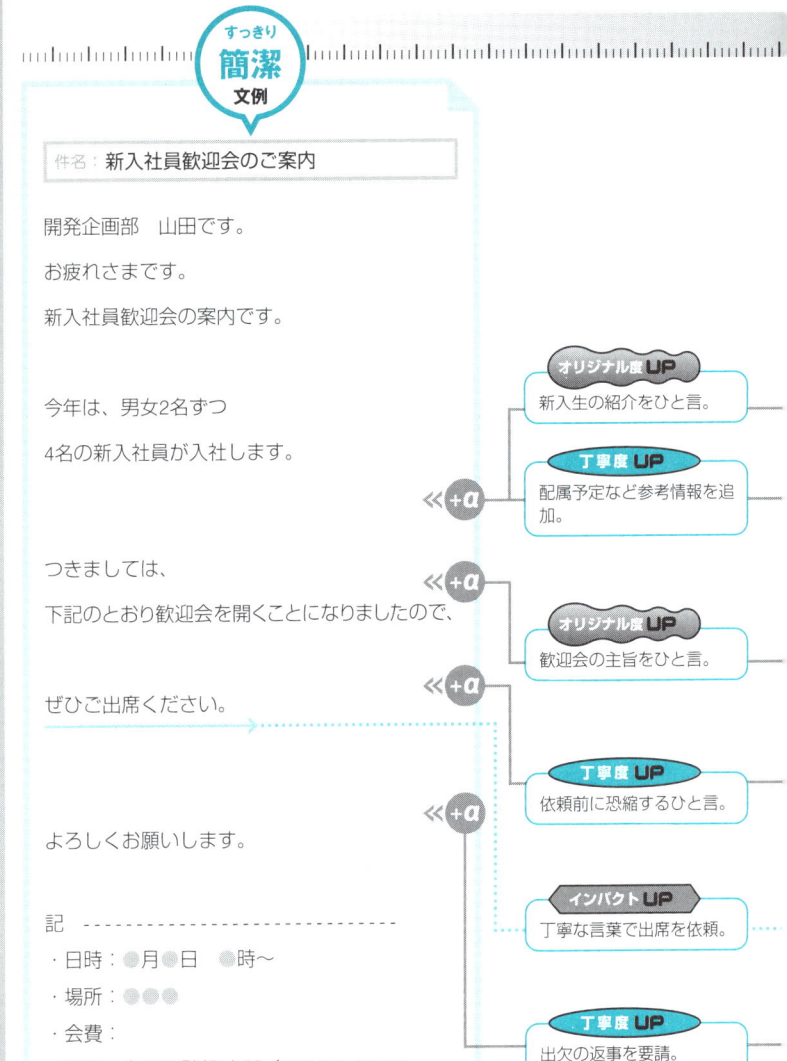

文書の流れ
- 新入社員入社のお知らせ ▼
- 紹介・今後の予定 ▼
- 歓迎会の主旨 ▼
- 歓迎会開催のお知らせ ▼
- 参加の呼びかけ ▼
- 返信のお願い ▼
- 要項（日時、場所など）

すっきり簡潔 文例

件名：新入社員歓迎会のご案内

開発企画部　山田です。

お疲れさまです。

新入社員歓迎会の案内です。

今年は、男女2名ずつ

4名の新入社員が入社します。

- **オリジナル度 UP**：新入生の紹介をひと言。
- **丁寧度 UP**：配属予定など参考情報を追加。

つきましては、

下記のとおり歓迎会を開くことになりましたので、

- **オリジナル度 UP**：歓迎会の主旨をひと言。

ぜひご出席ください。

- **丁寧度 UP**：依頼前に恐縮するひと言。

よろしくお願いします。

- **インパクト UP**：丁寧な言葉で出席を依頼。

記 ------------------------------
・日時：●月●日　●時〜
・場所：●●●
・会費：
・幹事：企画開発部 山田（090-000-0000）

- **丁寧度 UP**：出欠の返事を要請。

166　ものの言い方［文例］辞典

関連 📩 P.164 送別会の案内

じっくり 丁寧 文例

件名：**新入社員歓迎会のご案内**

開発企画部　山田です。
お疲れさまです。
新入社員歓迎会の案内です。

今年は、男女2名ずつ4名の新入社員が入社します。
（ いずれも近年まれに見る
　ガッツあふれる若人です。 ）

（ 入社式の後、2週間の研修に入り、
　2名ずつ営業部と企画部に配属される
　予定になっています。 ）

つきましては、
（ 彼らを歓迎し、部署を越えた親睦を深めるべく、）
下記のとおり歓迎会を開きます。

（ お忙しいと存じますが、 ）
ぜひご出席くださいますようお願いいたします。

（ なお、準備の都合上、
　出欠のお返事を、
　●月●日までにご返信ください。 ）
よろしくお願いします。

記 --------------------------------
（以下「簡潔文例」と同じ）

- 新入社員に対して親近感や興味を抱かせ、参加を促します。
- 今後の参考のために、または歓迎会で話のタネにするために、予備情報をつけ加えます。
- 「歓迎し、親睦を深める」は一般的なところ。社の雰囲気が許せば、「社会人としての洗礼を浴びていただきたく」などの半分冗談めかしたものも。
- 相手の都合を気遣う気持ちを表すと同時に、ぜひ参加してほしい旨を表現します。
- より丁寧な言い回しを使い、強く出席を促します。
- 必要に応じて、出欠の返事を求める一文を最後に加えます。

もののの言い方［文例］辞典　167

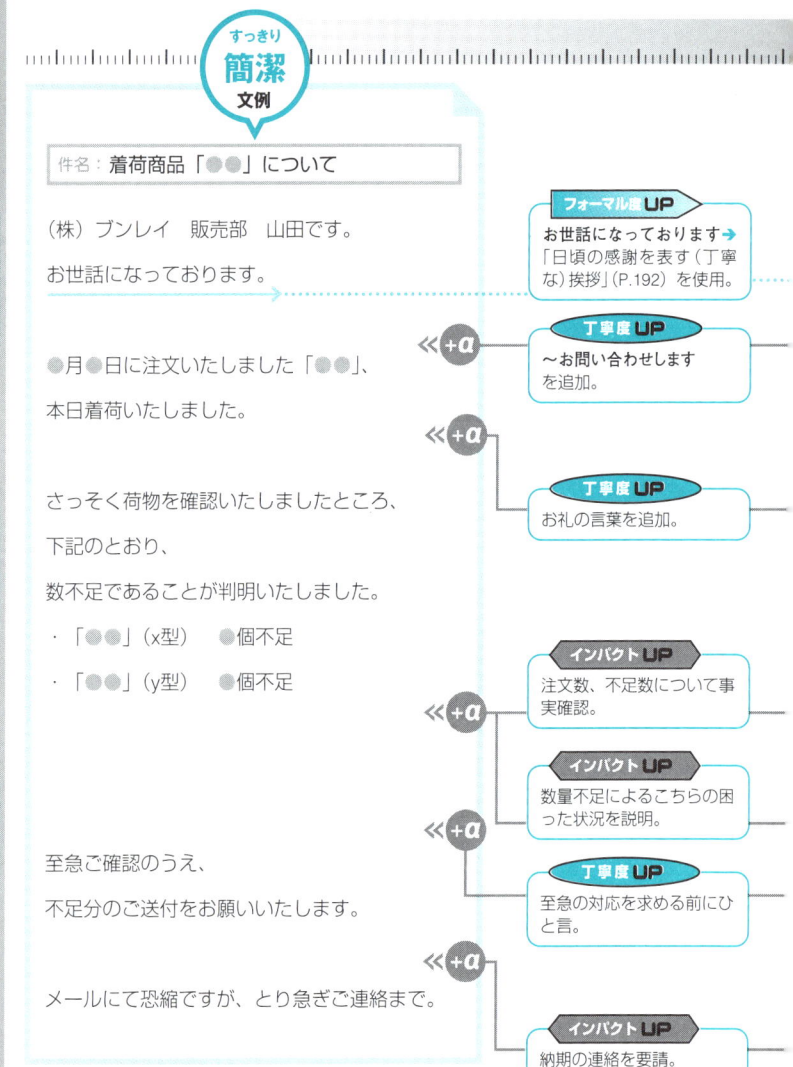

抗議催促メール ◎納入商品の数量不足に対する抗議

文書の流れ

着荷のお知らせ ▼ 送付のお礼 ▼ 数不足の指摘 ▼ 説明 困惑の状況 ▼ 不足分送付の要請 ▼ 納品日連絡を要請

すっきり簡潔 文例

件名：着荷商品「●●」について

（株）ブンレイ　販売部　山田です。
お世話になっております。

●月●日に注文いたしました「●●」、
本日着荷いたしました。

さっそく荷物を確認いたしましたところ、
下記のとおり、
数不足であることが判明いたしました。

・「●●」（x型）　●個不足
・「●●」（y型）　●個不足

至急ご確認のうえ、
不足分のご送付をお願いいたします。

メールにて恐縮ですが、とり急ぎご連絡まで。

フォーマル度 UP
お世話になっております→「日頃の感謝を表す（丁寧な）挨拶」（P.192）を使用。

丁寧度 UP ＋α
～お問い合わせします を追加。

丁寧度 UP ＋α
お礼の言葉を追加。

インパクト UP ＋α
注文数、不足数について事実確認。

インパクト UP ＋α
数量不足によるこちらの困った状況を説明。

丁寧度 UP ＋α
至急の対応を求める前にひと言。

インパクト UP ＋α
納期の連絡を要請。

168　ものの言い方［文例］辞典

じっくり 丁寧 文例

件名：着荷商品「●●」について

（株）ブンレイ　販売部　山田です。
平素は、格別のお力添えいただき、
ありがとうございます。

（ 先日納品いただいた商品についてお問い合わせします。 ）

●月●日に注文いたしました「●●」、
本日着荷いたしました。
（ ありがとうございました。 ）

さっそく荷物を確認いたしましたところ、
下記のとおり、数不足であることが判明いたしました。
・「●●」　●個不足
（ 注文時の控えを確認いたしましたが、
確かに●個注文しております。
ところが、実際には●個しかございませんでした。 ）

（ お客様へのお届けが遅れることになってしまい、
少々困惑しております。 ）

（ 恐らく何かの手違いかと存じますが、 ）
至急ご確認のうえ、不足分のご送付をお願いいたします。

（ なお、納品日が●日以降になる場合には、
至急納期をご連絡ください。 ）

メールにて恐縮ですが、とり急ぎご連絡まで。

- 書状の挨拶文を使い、形式に則って感謝の気持ちを表します。
- 「問い合わせ」という形で用件を切り出し、あからさまな抗議にならないようにします。
- 商品送付の対応については、本来の用件とは別にお礼を言っておきます。
- 注文の控えや納品書の記載などを元にして、こちらに非のないことを明確にします。
- 困っていることを伝えることで、抗議の気持ちをやんわりと表明します。
- 相手の非を決めつけないように配慮したひと言を付け加えます。万一、行き違いや事故であった場合の保険にもなります。
- 納期の連絡を求めることで、「至急」の対応を望んでいることを強調します。

抗議催促メール ◎ 納入商品の品違いに対する抗議

すっきり簡潔 文例

件名：着荷商品「●●」について

（株）ブンレイ　販売部　山田です。
お世話になっております。

●月●日の注文品、本日着荷いたしました。

さっそく荷物を確認いたしましたところ、
注文品と異なる商品であることが
判明いたしました。
注文した商品は●●●ですが、
届いた商品は○○○でした。

至急ご確認のうえ、
注文どおりの商品の送付をお願いいたします。

メールにて恐縮ですが、とり急ぎご連絡まで。

文書の流れ
- 着荷のお知らせ
- 送付のお礼
- 品違いの指摘
- 困惑の状況説明
- 正しい商品の送付要請
- 納品日連絡を要請

フォーマル度 UP
お世話になっております→「日頃の感謝を表す（丁寧な）挨拶」（P.192）を使用。

丁寧度 UP +α
～お問い合わせします を追加。

丁寧度 UP +α
お礼の言葉を追加。

インパクト UP
注文品、届いた品について事実確認。

インパクト UP +α
品物がないことによるこちらの困った状況を説明。

丁寧度 UP
至急の対応を求める前にひと言。

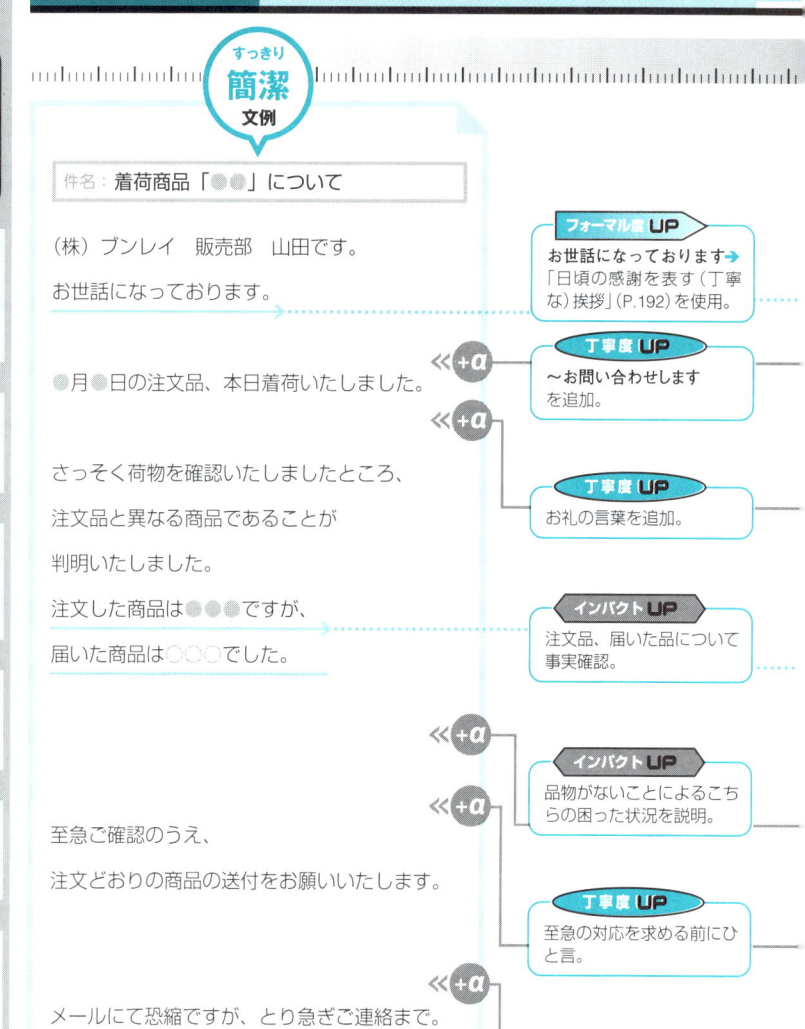

丁寧度 UP +α
品違い品の処分方法を尋ねる。

170　ものの言い方[文例]辞典

関連 ✉ P.36 発送した商品の品違いに対するお詫び、P.64 届いた商品の品違いについての問い合わせ

じっくり 丁寧 文例

件名：着荷商品「●●」について

(株) ブンレイ　販売部　山田です。
平素は、格別のお力添えいただき、
ありがとうございます。

先日納品いただいた商品についてお問い合わせ
します。

●月●日の注文品、本日着荷いたしました。
ありがとうございました。

さっそく荷物を確認いたしましたところ、
注文品と異なる商品であることが判明いたしました。
同梱の納品書には、
注文のとおり●●●と記載されていますが、
実際に入っていたのは○○○でした。

注文どおりの商品がそろわなければ
お客様へご迷惑をおかけすることになってしまい、
大変困惑しております。

恐らく何かの手違いかと存じますが、
至急ご確認のうえ、
注文どおりの商品の送付をお願いいたします。

なお、当該商品はこちらにお預かり
しておりますので、善処法をお知らせください。

メールにて恐縮ですが、とり急ぎご連絡まで。

- 書状の挨拶文を使い、形式に則って感謝の気持ちを表します。
- 「問い合わせ」という形で用件を切り出し、あからさまな抗議にならないようにします。
- 商品送付の対応については、本来の用件とは別にお礼を言っておきます。
- 注文の控えや納品書の記載などを元にして、こちらに非のないことを明確にします。
- 困っていることを伝えることで、抗議の気持ちをやんわりと表明します。
- 相手の非を決めつけないように配慮したひと言を付け加えます。万一、行き違いや事故であった場合の保険にもなります。
- 一方的に送り返さず、どうすればよいか尋ねます。

抗議催促

ものの言い方 [文例] 辞典

抗議催促メール ◎納入商品の欠陥に対する抗議

文書の流れ: 着荷のお知らせ ▼ 送付のお礼 ▼ 破損の指摘 ▼ 破損の状態説明 ▼ 困惑の状況説明 ▼ 代替品送付の要請 ▼ 破損品の処置方法を照会

すっきり簡潔文例

件名：着荷商品「●●●」について

（株）ブンレイ　販売部　山田です。
お世話になっております。

> **フォーマル度 UP**
> お世話になっております→「日頃の感謝を表す（丁寧な）挨拶」（P.192）を使用。

●月●日に注文いたしました「●●●」、
本日着荷いたしました。

> **《+α　丁寧度 UP**
> ～お問い合わせしますを追加。

さっそく荷物を確認いたしましたところ、
商品の一部に破損がみられることが
判明いたしました。
破損がみられるのは、商品のうちの●個です。

> **丁寧度 UP**
> 破損状態の説明。

> **《+α　インパクト UP**
> 不良品は購入できない旨追加。

つきましては、早急に代替品の送付を
お願いいたします。

> **インパクト UP**
> 品物がないことによるこちらの困った状況を説明。

メールにて恐縮ですが、とり急ぎご連絡まで。

> **《+α　丁寧度 UP**
> 品違い品の処分方法を問い合わせ。

172　ものの言い方［文例］辞典

関連 P.38 不良品送付に対するお詫び、P.50 商品へのクレームに対する弁明

じっくり 丁寧 文例

件名：着荷商品「●●」について

（株）ブンレイ　販売部　山田です。
平素は、格別のお力添えいただき、
ありがとうございます。

先日納品いただいた商品についてお問い合わせします。

●月●日に注文いたしました「●●●」、
本日着荷いたしました。

さっそく荷物を確認いたしましたところ、
商品の一部に破損がみられることが判明いたしました。
破損がみられるのは、商品のうちの●個、
いずれも、●●の上部にひびが入っています。

この状態では残念ながら使用は不可能で、
当社ではこのまま購入するわけにはまいりません。

商品がそろわなければ
お客様へご迷惑をおかけすることになってしまい、
大変困惑しております。

つきましては、早急に代替品の送付を
お願いいたします。

なお、当該商品は
こちらにお預かりしておりますので、
善処法をお知らせください。

メールにて恐縮ですが、とり急ぎご連絡まで。

- 書状の挨拶文を使い、形式に則って感謝の気持ちを表します。
- 「問い合わせ」という形で用件を切り出し、あからさまな抗議にならないようにします。
- 客観的かつ冷静に伝えている印象になるように、状況をより具体的に示します。これは、相手の状況判断の手助けになります。
- 商品として受け取れないことをあえて言って、抗議の気持ちを表します。
- 困っていることを伝えることで、抗議の気持ちをやんわりと表明します。
- 一方的に送り返さず、どうすればよいか尋ねます。

ものの言い方［文例］辞典

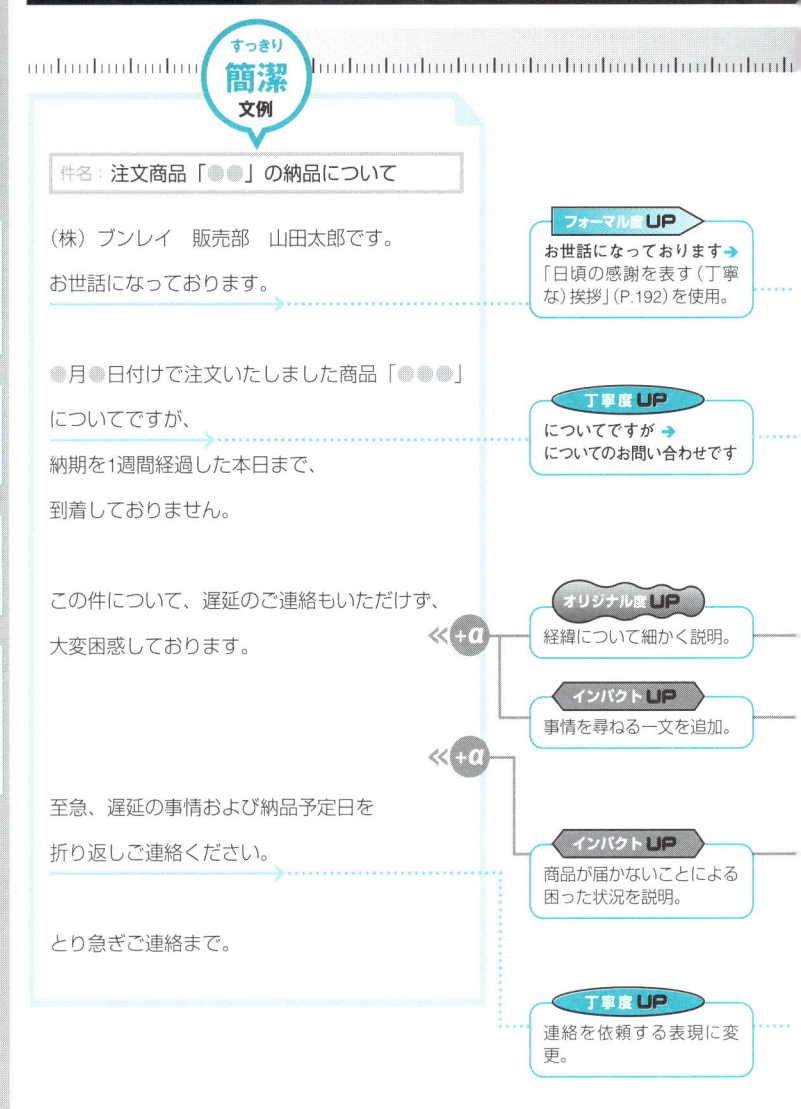

抗議催促メール ◎ 納期遅延に対する抗議

文書の流れ
- 商品未納・納期遅延の指摘
- 連絡等の経緯・催促
- 困惑の状況説明
- 事情説明・納品日連絡を要請

すっきり簡潔 文例

件名：注文商品「●●●」の納品について

（株）ブンレイ　販売部　山田太郎です。
お世話になっております。

フォーマル度 UP
お世話になっております→
「日頃の感謝を表す（丁寧な）挨拶」（P.192）を使用。

●月●日付けで注文いたしました商品「●●●」
についてですが、
納期を1週間経過した本日まで、
到着しておりません。

丁寧度 UP
についてですが→
についてのお問い合わせです

この件について、遅延のご連絡もいただけず、
大変困惑しております。 《+α》

オリジナル度 UP
経緯について細かく説明。

インパクト UP
事情を尋ねる一文を追加。
《+α》

至急、遅延の事情および納品予定日を
折り返しご連絡ください。

インパクト UP
商品が届かないことによる困った状況を説明。

とり急ぎご連絡まで。

丁寧度 UP
連絡を依頼する表現に変更。

関連 ✉ P.34 納期遅延に対するお詫び、P.48 納品遅延についての弁明、P.84 納期延期の依頼、P.92 納期延期の受諾、P.102 納期延期の依頼を断る、

じっくり 丁寧 文例

件名：**注文商品「●●」の納品について**

（株）ブンレイ　販売部　山田太郎です。
平素は、格別のお力添えいただき、
ありがとうございます。

●月●日付けで注文いたしました商品「●●●」
についてのお問い合わせです。
上記商品が、納期を1週間経過した本日まで、
到着しておりません。

この件について、遅延のご連絡もいただけず、
先日催促のお電話を差しあげましたが、
いっこうに要領を得ないご回答で、
大変困惑しております。
どのようになっているのでしょうか。

予定しておりました
お客様へのお届けが遅れている状況で、
このままでは、キャンセルされることに
なってしまいます。

つきましては、至急遅延の事情および納品予定日を
折り返しご連絡いただきたく、
お願いいたします。

メールにて恐縮ですが、とり急ぎご連絡まで。

- 書状の挨拶文を使い、形式に則って感謝の気持ちを表します。
- 「問い合わせ」ということでいったん文を区切り、いきなり抗議する印象を薄めます。
- これまでのやりとりの経緯をより細かく示し、相手の対応への不満、それによる困惑ぶりを表します。
- 再三の催促に回答してもらえない場合などには、直接的な言い回しを使います。
- 至急の納品を求めて、プレッシャーをかけます。
- 相手の善意に期待し、あくまで丁寧にしめくくります。

もののいい方［文例］辞典

抗議催促メール ◎注文取消に対する抗議

文書の流れ: 注文取消依頼の事実 ▼ 困惑している状況説明 ▼ 取消不可の表明とその理由 ▼ 善処を要請

すっきり簡潔文例

件名：ご注文の取消について

（株）ブンレイ　営業部　山田です。
とり急ぎご連絡申しあげます。

> **丁寧度 UP**
> とり急ぎご連絡申しあげます ➔ 「日頃の感謝を表す（丁寧な）挨拶」（P.192）を使用。

本日、貴社（●●様）より
「●●」の注文取消の ご連絡をいただきました。

> **丁寧度 UP**
> ～ご連絡をいただきました ➔ ～について、～ご連絡をいただきました の形に変更。

突然のことで、
当社としては大変困惑しております。

> **インパクト UP**
> 困惑の理由をより詳しく。

すでに商品発送の準備も整っており、
ご注文取消には、承服いたしかねます。

> **オリジナル度 UP**
> 注文取消に承服できない直接的な理由を記述。

つきましては、
予定どおり注文の商品を
お引き取りいただきたくお願いいたします。

> **インパクト UP**
> いただきたくお願い～ ➔ いただくのが筋ではないかと～

ご回答をお待ちしております。

《+α

> **インパクト UP**
> 「なにとぞ～」を追加。

メールにて恐縮ですが、とり急ぎご連絡まで。

関連 ✉ P.54 商品返品に対する弁明

じっくり 丁寧 文例

本題とは別に、日頃の感謝を示す丁寧な印象を与えます。逆に、「とり急ぎ〜」を使用すると、挨拶もそこそこ本題に入る印象になります。	件名：ご注文の取消について （株）ブンレイ　営業部　山田です。 いつもご利用いただき、ありがとうございます。
「〜について、……。」という表現で、順を追って丁寧に事実を確認する形にします。	●月●日付けでご注文いただいた「●●」について、本日、貴社（●●様）より 注文取消の　ご連絡をいただきました。
納期の直前であることや、唐突な連絡であることを表して、困惑ぶりを強調します。	納期は数日後に迫っており、 あまりに突然のことで、 当社といたしましては大変困惑しております。
たとえば名入れや色、デザインの特注など、キャンセルが難しい理由を具体的に並べます。	この商品は、ご指定のとおりに カスタマイズされた仕様となっており、 転売は不可能です。 ご注文取消には、承服いたしかねます。
注文取消の理不尽をよりはっきり抗議した言い方にします。	つきましては、 予定どおり注文の商品を お引き取りいただくのが筋ではないかと存じます。
丁寧でありながら、「誠意ある」という言葉でプレッシャーを与えます。	（　なにとぞ、誠意ある　　　　　　　　　　） ご回答をお待ちしております。 メールにて恐縮ですが、とり急ぎご連絡まで。

ものの言い方[文例]辞典

抗議催促メール ◎支払いの催促

文書の流れ: 未払いの指摘 ▼ 困惑している状況説明 ▼ 生じる支障 ▼ 支払いの要請 ▼ 行き違いの場合のお詫び

すっきり簡潔文例

件名:「●●●」のお支払いについて

(株)ブンレイ　営業部　山田です。
とり急ぎご連絡申しあげます。

●月●日付けでご注文いただいた
「●●●」について、
本日現在その代金が未納となっております。

請求書に明記しました期日から
2週間過ぎており、

極めて困惑しております。

事務処理上、支障を来している次第です。

恐れ入りますが、至急お調べのうえ、
お支払いいただきますよう、
お願い申しあげます。

メールにて恐縮ですが、とり急ぎご連絡まで。

丁寧度UP
とり急ぎご連絡申しあげます → 「日頃の感謝を表す（丁寧な）挨拶」(P.192) を使用。

+α インパクトUP
納品の事実を通知。

丁寧度UP
代金が未納となっております → お支払いいただいて〜

インパクトUP
期日を過ぎた日にちを遠回しに表現。

+α インパクトUP
連絡のないことを指摘。

インパクトUP
極めて困惑〜 → どうしたものかと〜

+α 丁寧度UP
なにかの手違い…〜を追加。

178　ものの言い方[文例]辞典

関連 ✉ P.46 支払い遅延に対するお詫び

じっくり 丁寧 文例

件名：「●●●」のお支払いについて

（株）ブンレイ　営業部　山田です。
いつもご利用いただき、ありがとうございます。

●月●日付けでご注文いただいた
「●●●」について、
期日どおりお届けいたしましたが、
本日に至るまで　お支払いいただいておりません。

請求書に明記いたしました期日は
とうに過ぎており、
そのうえ何のご連絡もございませんので、
どうしたものかと案じております。

なにかの手違いによるものかと思いますが、
当社といたしましても、
事務処理上、支障を来している次第です。

恐れ入りますが、至急お調べのうえ、
お支払いいただきますよう、お願い申しあげます。

なお、万一行き違いでご送金いただいた場合は、
なにとぞご容赦ください。

メールにて恐縮ですが、とり急ぎご連絡まで。

- 本題とは別に、日頃の感謝を示す丁寧な印象を与えます。逆に、「とり急ぎ～」を使用すると、挨拶もそこそこ本題に入る印象になります。

- 経緯を丁寧に説明するように見せながら、後に続く「未払い」の事実をより際立たせます。

- 「未納」という率直な表現に対して、やや抑えた言い方をします。

- 遠回しに言う表現ながら具体的な日数よりも「すごく前」という印象を与えます。「とうに」は、早くに、とっくに、の意味。

- 相手の対応に困っていることを強調します。

- 「どうしてよいかわからない」と言うことで、「困惑」の大きさを表現します。

- 相手を気遣う一文を追加し、相手の良心に訴えかけます。

ものの言い方［文例］辞典　179

見舞いメール ◎天災(台風・地震など)に対する見舞い

文書の流れ: 被災の報を受けた驚き → お見舞いの言葉 → 復興を祈念 → 援助の申し出

すっきり簡潔文例

件名:台風のお見舞い

(株)ブンレイ

営業部　山田です。

とり急ぎご連絡申しあげます。

今朝の報道により、

●●地区は▲▲による 被害が甚大であると知り、

大変驚いております。

- **丁寧度UP**: ●●地区(地名) → 御地　▲▲には具体的な災害名を適用。
- **インパクトUP**: 驚いて → 驚き入って

皆様の安否はいかがでしょうか、

心からお見舞い申しあげます。

- **オリジナル度UP**: 感情をこめた言葉を追加。

被害の大事ないこと、

一日も早い復興をお祈りしております。

- **インパクトUP**: 心からお見舞い申しあげます → お見舞いの言葉も見つからないほどです

私(ども)でお役に立つことがありましたら、

どうぞ遠慮なくお知らせください。

できるかぎりお力添えさせていただきます。

- **インパクトUP**: ただひたすらにを追加。
- **インパクトUP**: 本来は出向いていきたい旨追加。

メールにて恐縮ですが、

とり急ぎお見舞い申しあげます。

- **丁寧度UP**: 謙遜の言葉を追加。

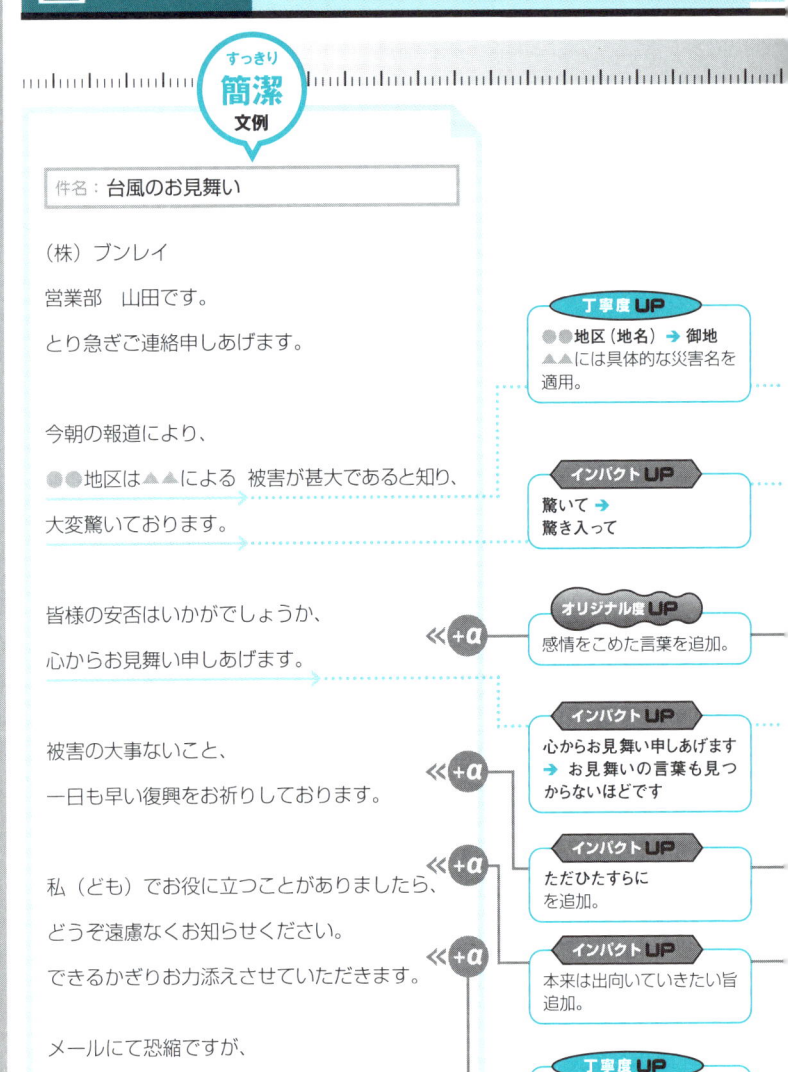

用法memo: 驚きとり急ぎ連絡したように表し、丁寧な文面であっても長々と書かないようにします。

180　ものの言い方[文例]辞典

関連 ✉ P.28 災害（天災・事故）見舞いに対するお礼、P.215 見舞い状 — 火事見舞い

じっくり 丁寧 文例

件名：台風のお見舞い

（株）ブンレイ
営業部　山田です。
とり急ぎご連絡申しあげます。

今朝の報道により、
御地は台風●号による被害が甚大であると知り、
驚き入っております。

皆様の安否はいかがでしょうか、
（　とても心配です。　）
お見舞いの言葉も見つからないほどです。

被害の大事ないこと、一日も早い復興を
（　ただひたすらに　）
お祈りしております。

（　今すぐにでもかけつけたいところですが、　）
私（ども）でお役に立つことがありましたら、
どうぞ遠慮なくお知らせください。
（　微力ですが、　）
できるかぎりお力添えさせていただきます。

メールにて恐縮ですが、
とり急ぎお見舞い申しあげます。

- 相手の住む土地の尊称である「御地」を使用。災害としては、台風、地震、水害など。
- 驚きの度合いを強めます。「入る」は意味を強める表現。
- 決まり文句や形式的な言葉を避けて、感情を素直に表した言葉をはさみこみます。無機質なメール文が一変します。
- お見舞いの言葉のなかでとまどいも表現します。
- 気持ちの強さを印象づけます。
- 支援したい気持ちの強さを裏付けます。
- 押しつけがましくならないようにまとめます。

ものの言い方［文例］辞典

見舞いメール ◎交通事故の見舞い

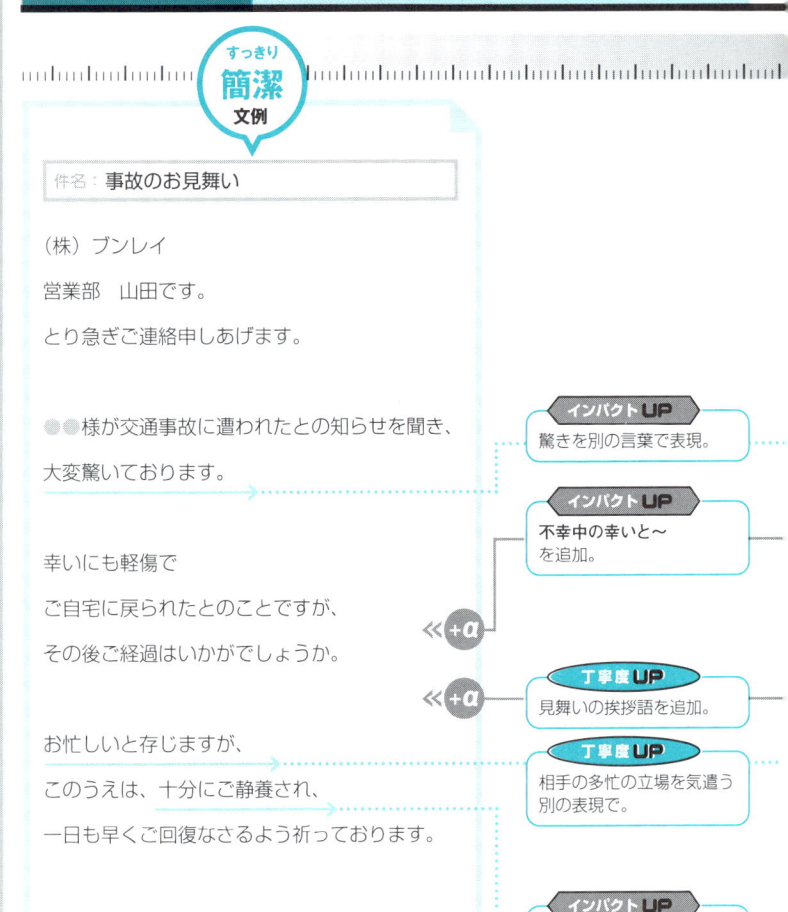

すっきり簡潔文例

件名：事故のお見舞い

（株）ブンレイ
営業部　山田です。
とり急ぎご連絡申しあげます。

●●様が交通事故に遭われたとの知らせを聞き、
大変驚いております。

> **インパクトUP**
> 驚きを別の言葉で表現。

幸いにも軽傷で
ご自宅に戻られたとのことですが、
その後ご経過はいかがでしょうか。

> **インパクトUP**
> 不幸中の幸いと〜を追加。

> **丁寧度UP**
> 見舞いの挨拶語を追加。

お忙しいと存じますが、
このうえは、十分にご静養され、
一日も早くご回復なさるよう祈っております。

> **丁寧度UP**
> 相手の多忙の立場を気遣う別の表現で。

メールにて恐縮ですが、
とり急ぎお見舞い申しあげます。

> **インパクトUP**
> 療養を願う気持ちを強調。

文書の流れ：
- 事故の報に驚き
- けがの状況を心配
- お見舞いの言葉
- 十分な療養の勧め
- 回復を祈念

用法memo
軽傷ですぐに自宅に戻ったようなケースでは、メールで連絡をとることも。入院中の場合は手紙を送ったほうが誠実さが伝わります。

関連 ✉ P.26 見舞い（入院）に対するお礼、P.214 見舞い状 ― 病気見舞い

じっくり 丁寧 文例

件名：**事故のお見舞い**

（株）ブンレイ
営業部　山田です。
とり急ぎご連絡申しあげます。

●●様が交通事故に遭われたとの知らせを聞き、
驚き入りました。

幸いにも軽傷でご自宅に戻られたとのこと、
　不幸中の幸いと安堵しておりますが、
その後ご経過はいかがでしょうか。
　心からお見舞い申しあげます。

●●様のことですから、
お仕事のことを気にかけていらっしゃる
とは思いますが、
このうえは、どうか十分にご加療とご静養され、
一日も早くご回復なさるよう
心から祈っております。

メールにて恐縮ですが、
とり急ぎお見舞い申しあげます。

「驚き入る」を使って驚きの度合いを強めます。「入る」は意味を強める表現。さらに率直に表現するなら、「本当にびっくりいたしました」も。

事故を心配する気持ちとともに、軽傷でよかったという思いを表現します。

あらたまってお見舞いの挨拶文を挿入することで、メールの主旨をしっかり伝えます。

相手の焦る気持ちに対する思いやりを表現します。

加療・静養とたたみかけることで、願いの強さを表します。

もののの言い方［文例］辞典

前文 に入る内容 （→ ✉ P.4 メール文書の構成）

参考　メール文書内の特定要素（前文　本文　末文）

● 宛先

メールの宛名です。送り先となる相手の会社名・部署名・名前などを記します。

省略 やりとりが頻繁な場合や社内メールでは、所属名等を省略する場合があります。

✉ 特定の相手宛

- ○○ ○○ 様 ……… 所属のない個人宛の場合。
- □□□株式会社　△△部
  ○○ ○○ 様 ……… 社外の人宛には、所属の会社・部署名・名前が基本です。
- △△部　○○ ○○ 様

[例]
- 山田 太郎様 ……… 敬称は「様」が一般的です。
- ものもの株式会社 営業推進部 山田太郎様
- 営業推進部 山田様

✉ 複数の相手宛

- ○○ ○○ 各位 ……… 特定のグループに所属する全員に出す場合に利用します。「各位」は皆様方の意味。
- ○○ の皆様
- 関係者各位 ……… 複数のグループ等にまたがって出す場合に使用します。

[例]
- 新商品開発チーム各位
- 新商品開発チームの皆様
- 営業推進部 の皆様
- 「文例事典」制作関係者各位

● 送信者情報

自分の情報です。所属・名前を記します。
相手が初めてメールを送る人の場合は、簡単な自己紹介やメールを送るに至った経緯を記した一文を加えます。

✉ 所属・名前

- □□□株式会社 △△部の ○○です。
- △△部 ○○です。
- ○○ @ △△部です。

> 名前に続けて、@＋自分の所属（部署・会社）をつけ加えます。社内連絡などで使われます。

[例]
- ものもの（株） 販売促進部の山田太郎です。
- 山田です。
- 販売促進部 山田です。
- 山田@販売促進部です。

> 所属・名前をフルネームで名乗るのがより丁寧ですが、頻繁にやりとりする場合などでは、名字のみに省略されます。

✉ 自己紹介（素性・メールを送った経緯）

- □□□の○○を(担当)しております。
- □□□の○○様にご紹介いただきました。
- □□□を拝見して、メールを送らせていただきました。

> 自己紹介の内容は、メールの用件に応じて、本題を理解しやすいものにします。

> どのようにして連絡先を知ったかを記すと、メールを受け取った相手を安心させられます。

[例]
- 「ストップ温暖化」運動の実行委員をしております。
- いろは商事 人事課長の山田様にご紹介いただきました。
- 貴サイトを拝見して、メールを送らせていただきました。

前文 に入る内容 (→ ✉ P.4 メール文書の構成)

参考 / メール文書内の特定要素（**前文**—本文—末文）

● 挨拶文　◀ 場合により省略

日頃の感謝を表す「お世話になっております」から、直近の出来事にふれるものまであります。

(省略) やりとりが頻繁になる場合などでは省きます。

✉ 日頃の感謝

[例]
- お世話になっております。
- いつもお世話になっております。
- お疲れさまです。
- お世話様です。
- いつも当店をご利用いただき、ありがとうございます。

「お世話になっております」は一般的に使われる挨拶です。

社内メールでは、長々とした挨拶文は使わず、「お疲れさまです」程度か、挨拶文そのものが省略されます。

✉ 直近の出来事に対する挨拶

[このたびは／先日は] ～いただき、ありがとうございます。

[例]
- このたびは当サービスをお申し込みいただき、ありがとうございます。
- 先日は、わざわざご足労いただき、ありがとうございました。
- 先日は失礼いたしました。

相手の行為に対してしっかりお礼を述べる場合もあれば、メールをもらったことなどについて軽くお礼を言う場合もあります。

✉ その他（非礼を詫びるなど）

[例]
- ごぶさたしております。
- お忙しいところ、恐れ入ります。

その他、相手とのやりとり・つきあいの内容に応じて、ごぶさたしていることへの詫びなどを適宜入れます。

● 用件（簡易） ◀ 場合により省略

何のためのメールか、その用件（目的）を簡潔に記します。

省略 お詫び・お礼など、本文の第一文で内容が把握できる文書では、用件を省いていきなり本文（本題）に入る場合もあります。

- ～についてご連絡いたします。
- ～いたしたく、メールを送らせていただきました。
- ～申しあげたく、ご連絡いたしました。

ご連絡・ご報告・ご提案など、主旨のわかりやすい言葉を使用して用件を知らせます。

[例]
- 次回の打ち合わせの日時について、ご連絡いたします。
- 新商品の内容と発売スケジュールについてご案内いたしたく、メールを送らせていただきました。
- 納品の遅延について、お詫び申しあげたくご連絡いたしました。

● ことわり ◀ 必要に応じて挿入

メール本文が長文になることや、返事を急ぐ場合など、受信者にあらかじめことわっておきたいことを書き添えます。

[例]
- メールをご覧になった後、お返事いただけると幸いです。
- ご一読後、関係各位に転送いただけると幸いです。
- 少々長いメールになりますが、ご一読のほどお願いいたします。

返信のお願いは、本文終了後の末文に入れる場合もありますが、とくに忘れずに返信してほしい場合には、本文に入る前に入れます。

ものの言い方[文例]辞典

末文 に入る内容 （→ ✉ P.4 メール文書の構成）

参考
メール文書内の特定要素（前文ー本文ー末文）

● **締めの挨拶文**　　　　　　　　　▶ 場合により省略

メールを締めくくる簡潔な挨拶です。本題の内容に応じて付け添える言葉を変化させますが、「よろしくお願いします」で締めくくるのが最も一般的です。

省略 「内容をまとめて（P.190）」で締めくくる場合は、省略します。

✉ 「よろしくお願いします」

[例]
- 以上、よろしくお願いします。
- では、よろしくお願いします。
- なにとぞ、よろしくお願いいたします。
- ご検討のほど、よろしくお願いします。 ……… 本題が「提案」「依頼」などの場合に言います。
- ご協力のほど、よろしくお願いします。 ……… 本題が「依頼」などの場合に言います。
- よろしく、ご確認くださいませ。 ……… 本題が問い合わせに対する回答や、書類を添付・送付した場合などに言います。

✉ その他（失礼しました・また連絡します）

[例]
- では、失礼いたします。
- お忙しいところ、失礼いたしました。
- ご一読、ありがとうございました。
- では、またご連絡いたします。 ……… 返信の必要ないメールや、続報を送ることがわかっている場合に言います。
- では、○○については決まり次第ご連絡いたします。

● 返事の依頼　　　◀ 必要に応じて挿入

送るメールに対して返信が必要な場合、逆に不要な場合は、末文に書き添えます。
本文が長文になる場合や、返事の必要性をとくに強調したい場合には前文で言う場合もあります。

✉ 返事を待っている姿勢を示す

[例]
- お返事お待ちしております。
- ご回答お待ちしております。
- お返事鶴首しております。

> 積極的に返事を依頼できない場合、控えめに表現します。

> 「鶴首」は、首を長くして待つという意味。返事を待ちわびるという気持ちで使います。

✉ 返事を依頼する

お手数ですが	ご検討のうえ	お返事いただけますよう	お願い申しあげます。
恐れ入りますが	➕ 折り返し	ご返答賜りますよう	➕ お願いいたします。
	ご一読後	➕ ご連絡いただけますよう	お願いします。
		ご返信を	
		ご回答を	

[例]
- お手数ですが、折り返しお返事いただけますよう、お願いいたします。
- 恐れ入りますが、ご検討のうえご返答賜りますよう、お願い申しあげます。
- お手数ですが、ご一読後ご連絡いただけますよう、お願いいたします。
- お手数ですが、折り返しご返信をお願いします。

末文 に入る内容 (→ ✉ P.4 メール文書の構成)

● 内容をまとめて　　　　　　　　　　　場合により省略

書面でも使用される締めくくりの言葉で、本文の内容（本題）を簡潔にまとめます。

省略　「締めの挨拶文（P.188）」で代替する場合は、省略します。

まずは	とり急ぎ	ご挨拶申しあげます。
以上 ➕	とりあえず	ご通知申しあげます。
	メールにて	ご案内申しあげます。
		ご報告申しあげます。
頭に、「まずは、」「以上、」などの言葉を組み合わせて、本文全体を区切ります。		お知らせいたします。
		ご挨拶まで。
		ご通知まで。
	➕	ご案内まで。
		ご報告まで。
		お知らせまで。
		お祝い申しあげます。
		お礼申しあげます。
		お礼かたがたご案内まで。
本文の主旨を簡潔に言い表して締めくくります。		ご報告かたがたお願いまで。
		ご挨拶とお知らせまで。
		用件のみ申しあげます。

[例]
- まずは取り急ぎ、ご報告まで。
- 以上、ご報告申しあげます。
- 以上、取り急ぎお知らせいたします。
- まずは、メールにてご報告かたがたお願いまで。
- 以上、とりあえずご通知まで。
- 以上、用件のみ申しあげます。

● 追記　　　　　　　　　必要に応じて挿入

本題とは区別したい内容や参考に伝える事柄は、追記として後につけ加えます。

✉ 本題とは別のお知らせ

[例]
- なお、9月1〜3日まで休暇をいただきます。この間にご連絡いただく場合は、下記メールアドレスまでお願いいたします。
- 来週は不在がちになりますので、お急ぎの場合は携帯電話（000-000-000）までご連絡ください。
- なお、弊社の受付が移動しました。ビルの2F→3Fになります。

> 番号の変更や場所の移動等は、署名欄につけ加える方法もあります。

✉ 本題の参考に記すこと

[例]
- 参考資料を添付いたしました。あわせて、ご参照くださいませ。
- 参考になりそうなサイトを見つけました。
  http://www.xxxxxx.jp/
- カタログを郵送にてお送りしておきました。ご確認のほど、よろしくお願いします。

> 本題に関係あることでも、内容が参考程度である場合は、末文に書き添えることで重要度を区別します。

✉ 雑談など

[例]
- 前号の特集、部内で好評です。
- そういえば、先日鈴木さんにお会いしました。山田さんによろしくとおっしゃってました。

> メールは1通1案件が原則ですが、相手とのやりとりやつきあいの内容に応じて、本題以外の雑談も書き添えられます。
> その場合は、本題と明確に区別するようにします。

ものの言い方[文例]辞典

挨拶文 ─ 日頃の感謝・今後の支援

参考 さまざまな挨拶文

本来は書状で使われる挨拶文です。メールでは、より丁寧な文書にしたい場合、フォーマルな印象を与えたい場合に使います。

● 日頃の感謝を表す丁寧な挨拶

●	＋	＋	＋	＋	＋
平素は	格別の	ご厚情	を賜り	誠に	ありがとうございます
日ごろは	格段の	ご芳情	をいただき	本当に	ありがたく存じます
毎度	身に余る	ご愛顧	にあずかり		
このたびは	多大な	ご高配	くださり	＋心より	＋感謝申しあげます
いつもながら	なみなみならぬ	ご懇情	くださいまして	心から	お礼申しあげます
先日は	ひとかたならぬ	お引き立て		深く	深謝申しあげます
先般は	変わらぬ	お心遣い		衷心より	
常々	何かと	お力添え		厚く	
	いろいろと	ご教示			
		ご支援			
		ご助力			
		ご指導			
		お世話			
			を賜り		
			いただき		
		＋ご利用	＋くださり	＋（以降は上の組み合わせにつづく）	
			ご用命	くださいまして	

[例]
- 平素は格別のご厚情を賜り、心からお礼申しあげます。
- 日頃はなみなみならぬご芳情にあずかり、厚く感謝申しあげます。
- このたびは身に余るご支援をいただき、誠にありがとうございます。
- 毎度ご利用いただき、厚くお礼申しあげます。

「日頃の感謝を表す丁寧な挨拶」、「繁栄や健康を祈る挨拶」、「安否の挨拶」は 前文 のなかで、「今後の支援を願う挨拶」は 末文 のなかで使用します。

● 今後の支援を願う挨拶

今後とも	なお いっそうの	お引き立て	を賜りますよう	心から	お願い申しあげます
これからも	なにとぞ 倍旧の	ご指導 ご鞭撻	を賜りたく	伏して	お願いいたします
	より いっそうの	ご愛顧	のほど	切に	
	従前 どおりの	ご厚誼		衷心より	
	引き続き	ご高誼	くださいますよう		
	変わらぬ	ご支援	いただきたく		
	どうか 変わらぬ	お力添え	のほど		
	どうか 末長い	ご協力			
		ご懇情			
	よろしく	ご高配			
		ご配慮			
		お手配			
		ご厚情			

[例]
- 今後ともどうか変わらぬお力添えのほど、心からお願い申しあげます。
- 今後ともなにとぞ倍旧のお引き立てを賜りますよう、伏してお願いいたします。
- これからも引き続きご支援くださいますよう、心からお願い申しあげます。
- これからもよろしくご高配のほど、切にお願い申しあげます。

挨拶文 ― 繁栄や健康・安否

さまざまな挨拶文

● 安否の挨拶

(個人)				
皆様には	いよいよ	ご健勝	のことと	お喜び申しあげます
各位には	ますます	ご清適	の由	大慶に存じあげます
貴殿には		ご活躍	の段	拝察申しあげます
貴兄には		ご清祥	のほど	拝察いたします
先生には		ご隆盛		大慶に存じます
		ご多祥		慶賀の至りに存じます
		ご壮健		
		ご清栄		

(組織)	
貴社には	ご隆昌
貴店には	ご発展
ご一同様には	ご隆盛
	ご繁栄

[例]
- 皆様にはますますご健勝のこととお慶び申しあげます。
- 貴社にはいよいよご隆盛の由、大慶に存じ上げます。

● 繁栄や健康を祈る挨拶

末筆ながら	貴社の	ますますの	ご発展を	心から	お祈り申しあげます
	皆様の	いっそうの	ご活躍を	衷心より	お祈りいたします
	皆様には	いよいよの	ご躍進を	ひとえに	祈念いたします
		今後一層の	ご繁栄を		祈念いたします
			ご隆盛を		
			ご多祥を		
			ご多幸を		
			ご健康を		

[例] ● 末筆ながら、皆様のいっそうのご繁栄を心からお祈り申しあげます。

付録

文例　箇条書き・簡潔限定メール

社内連絡のメールや通知メールなど、
本編のように丁寧な言い回しを使う余地のない
メール文書の文例です。

✉ 社内メール ……………………………………………………… 196
✉ 社外メール ……………………………………………………… 204

文例　メールにしづらい文書

メールには代えられない
礼を尽くす必要のある文書、
進退に関係するような文書の文例です。

📄 社内文書 ……………………………………………………… 206
📄 社外文書 ……………………………………………………… 210

箇条書き・簡潔限定メール

◎社内連絡 — 会議の案内

社内メール

件名：外注管理体制改善会議のお知らせ

各位

企画室管理課 山田です。

下記のとおり会議を行いますので、

ご参集ください。

都合により参加できない方は、

あらかじめご連絡ください。

記 -----

1　議　題：外注管理体制の改善について

2　日　時：●月●日（●）●〜●時

3　場　所：本社第2会議室

4　出席者：
　　企画室長、企画管理課長、各グループ長、●●、
　　●●、●●

5　資　料：
　　各グループ長は、「現状の問題点と改善内容についての提案」をまとめて、●部持参してください。

以上、よろしくお願いします。

文書の構成

○ 会議開催の通知
○ 要項
　・議題
　・日時
　・場所
　・出席者 など

要点 POINT

● 要点を箇条書きにし、簡潔に伝えます。

● 日時は間違いがないように気をつけます。曜日もつけ加えると親切です。

◎ 社内連絡 ― サーバーメンテナンスの通知

社内メール

件名：サーバーメンテナンスのお知らせ

システム室から
サーバーメンテナンスのお知らせです。
期間中、サーバーへのアクセスができなくなりますので、ご了承ください。

1　日時：●月●日　●:00～●:00
2　対象サーバー：mailサーバー、ftp1サーバー
3　メンテナンス内容：
　　バックボーンルーターのメンテナンス

【注意】
　　この間、メールの送受信、ftp1サーバーを介したデータ転送はできません（ftp2サーバーの利用は可能です）。あらかじめご注意ください。

以上、よろしくお願いします。

文書の構成

- **メンテナンスの通知**
- **実施要項**
  - ・日時
  - ・影響範囲 など
- **注意事項**

要点　POINT

- 日時やメンテナンスによる影響範囲など、実施要項を端的に伝えます。

- メールを受け取った人に関係すると思われる注意事項は、【】や記号を用いて強調して伝えます。

箇条書き・簡潔限定メール

◎ 出張報告

社内メール

件名： ●●地方需要調査の出張報告

●●部 山田です。以下、ご報告いたします。

1　目　的：
　　●●地方における当社サービス●の需要調査。
2　出張先：●●県●●市
3　期　間：●月●日～●日
4　内　容：
　　●●市内の公共施設●箇所を視察。類似または関連サービスの利用状況、および当社サービスの導入の可能性について調査した。
5　結　果：
　　対象施設●箇所のうち、類似、関連サービスの利用状況は以下のとおり。
　・A社 ××サービス　●（xxxx, xxxx, xxxxx）
　・B社 △△サービス　●（xxxx, xxxx, xxxxx）
　・C社 △△サービス　●（xxxx, xxxx, xxxxx）
　※現状外部サービスの利用率は●％と低い。
　※●●地区では、A社加入後の解約率が●％。
6　所　感：
　　昨年●月、A社が大々的な営業活動を行ったため、サービス利用への関心は高まっている。先行各社のサービスは、当社サービスに比較して高額であり、キャンペーン活動を通じてサービスの認知を徹底することで、十分な需要が見込めると確信する。

以上です。

文書の構成

◯ 出張の概要
　・目的
　・出張先
　・期間
　・内容
◯ 結果
◯ 所感

概要　OUTLINE

報告書にあたるもので、仕事の結果、経緯を上司や関係者に報告するため作成する文書です。
日報や月報といった、業務の成果、進捗状況を定期的に報告するもののほか、出張報告書や参加報告書など不定期な事柄について報告するものがあります。

要点　POINT

● 結果を客観的に、正確に報告します。

● 私見や感想などは、「所感」として最後に追加。

● 同行者や出張先の面会者などがある場合は、それも記載します。

◎ 参加報告

社内メール

件名：●●講習会 参加報告

●●部 山田です。

以下、ご報告いたします。

1　日　時：●月●日（●）●～●時
2　場　所：●●ホール
3　講　師：●●コンサルティング（株）
　　　　　　法人支援部　●●　●●氏
4　テーマ：「M＆Aの戦略的活用」
　　1）M＆Aの具体的事例
　　2）企業評価とM＆Aの活用方法
　　※詳細は、添付のPDFのとおり
5　所　感：
　企業経営システムの構造改革または企業再生にM＆Aを活用することが増えている現状について、事例をもとにした解説があり理解が深まった。
　今後予定される新事業の展開に際しても、役立つ知識を得られた。

以上です。

文書の構成

◯ 講習会の概要
・日時
・場所
・内容

◯ 所感

概要　OUTLINE

P.198の概要を参照。

要点　POINT

- 参加によって得た情報、業務に役立つ知識、それに基づく提案などを記載します。

- 講習内容は要点を簡潔にまとめ、詳細は別の資料を添付するかURLを記載すると参照しやすくて便利。

ものの言い方[文例]辞典

✉ 箇条書き・簡潔限定メール

◎業務依頼

社内メール

件名：アルバイト研修の指導員のお願い

人事部　山田です。
今年も●〜●月の繁忙期にアルバイト職員を
臨時採用します。
初日に研修会を予定していますので、
昨年に引き続き、研修の指導員をお願いします。

1　日　時：●月●日　●:00〜●:00
2　場　所：第2会議室
3　参加者：25名
4　内　容：
　　作業内容と注意点の説明。とくに電話対応の方法と個人情報の取り扱いについて重点的に指導
5　資　料：
　　「電話対応マニュアル」を使用（事前にお渡しします）

■お願い■
　　ご都合を●日までにご連絡ください。
　　また、人員その他が必要な場合は、ご相談ください。

以上、よろしくお願いします。

文書の構成

- 研修会実施の通知
- 指導員の依頼
- 依頼（研修会指導員）の内容
  ・日時
  ・場所
  ・内容 など

要点　POINT

- 依頼内容を把握しやすいように、箇条書きで一覧します。

- 返事の必要、期限など重要なことは、記号などを使って目立たせます。

◎業務提案

社内メール

件名：外注方法についての提案書

企画部 山田です。以下、提案いたします。

1 テーマ：外注方法の改善策

2 現 状：
　各案件の担当者が外注先を選定し検討。個別に価格交渉をし発注を行う。

3 問題点：
- 情報が共有されず、同じ検討が何度も行われ非効率。
- 発注額にばらつきが見られ、クオリティ管理も徹底されていない。

4 改善内容：
- 外注リストを作成。同一フォームによる一括管理。
- 外注の履歴と評価をデータベース化し参照可能にする。
- 外注項目に応じて、価格（目安）表を作成。

5 期待される効果：
- 外注先の選定が効率化され、的確に行える。
- 外注額が統一され、見積が容易になる。
- 評価のデータベース化がクオリティ管理に役立つ。

以上です。

文書の構成

○ 提案の概要と背景
- テーマ
- 現状
- その問題点

○ 提案する改善内容

○ それによる効果

概要 OUTLINE

提案書にあたるもので、業務内容の改善を提案することを目的とした文書です。現状の問題点を指摘し、改善内容を提案、その効果を示します。

要点 POINT

- 「現状の問題点」は客観的に記述、「改善内容」は具体的に示します。

- 「効果」は最も注目の集まる項目。数値などで具体的に示すことが大切です。

箇条書き・簡潔限定メール

◎ 議事録

社内メール

件名：外注管理体制の改善についての会議 議事録

●●部 山田です。以下、先日の会議の議事録です。

1 日　時：●月●日（●）●～●時
2 場　所：本社第2会議室
3 出席者：企画室管理課課長、各グループ長、
　　　　　●●、●●、山田
4 議　題：外注管理体制の改善について
5 議　事：
　●外注管理体制の現状とその問題点の確認
　　外注先の偏向、外注費のばらつき、外注先選
　　定の不効率など
　●各グループ長より改善策の提案
　◎以下決定事項
　　●外注管理データベースの作成
　　　外注履歴と評価表、価格表を含むもの
　　（作成担当：第2グループ山田、期限●日）
　　●過去2年間のデータを各グループで入力
　　●外注時には、このデータベースをもとに各担
　　　当が外注先を選び、予算と合わせてグループ
　　　長に相談し、課長の認証を得る
　　●外注先の新規追加は随時。定例会議で報告
6 次　回：●月●日●時
　　データベースの説明を含む経過報告

以上です。

文書の構成

○ 会議の概要
・日時
・場所
・出席者
・議題

○ 議事
・内容
・決定事項

○ 備考

概要　OUTLINE

議事録は、会議の概要、議論された内容、決定事項をまとめた記録。会議の出席者や関係者に通達する文書です。

要点　POINT

● 会議に参加していない人にもわかるように、討議内容、決定事項を簡潔にまとめます。

● 決定事項は箇条書きで漏れなく記述。実施担当者や期限などを正確に記録します。

◎ 稟議書（伺い書）

社内メール

件名：備品（●●ソフト）購入について

●●部　山田です。

以下のソフトウェアの購入を申請します。

1　品　　名：●●グラフ
2　メーカー：●●
3　種　　類：グラフ作成ソフト
4　購入先　：●●●●
　　（以前、購入歴あり。●●で最安値）
5　金　　額：●●●
　　（支払い方法：振込　期日：月末）
6　理由：
　　● 新規取引先●●●に提出する企画提案書で、毎月大量（●●～●●●点）のグラフ作成が必要となったため
　　● 同ソフトは表計算ソフトとデータ連動可能で、これまでの作成方法で大量かつグラフィカルなグラフを自動作成できるため
　　● 購入による効率化は、1カ月あたりアルバイト●●時間分に相当すると思われるため
7　参考資料：
　　● http://www.xxxx.xxxx.xxxx/xxxx

以上、よろしくお願いします。

文書の構成

○ **決裁を求める事項**
　・品名など概要
○ **理由・目的（効果）**

概要　OUTLINE

稟議書は社内の業務に関して提案し、上司など決裁権をもつ人に承認を求めるための文書です。備品の購入や人の手配など、会議を開いて討議するには及ばない事柄について承認を求める場合に使います。

要点　POINT

● 理由・目的を明確に簡潔に示します。

箇条書き・簡潔限定メール

通知 — 採用試験の通知

社外メール

件名：採用試験日のご通知

（株）ブンレイ　人事部
山田太郎です。

このたびは、新規社員募集にご応募いただき、
ありがとうございました。
つきましては、
下記のとおり採用試験を行いますので、
ご来社くださいますようお知らせいたします。

記 -----------------------------------
■ 日　時：10月10日（水）　午前9時〜12時
■ 場　所：東京都新宿区●-●-●
　　　　　ブンレイ新宿ビル12階 大会議場
　　　　　※下記 地図をご参照ください。
　　　　　http://www.xxxx.xxxxx/
■ 持参品：筆記用具、印鑑
■ 担当者：人事部　山田太郎
　　　　　電話　03-xxxx-xxxx
　　　　　Mail　xxx@xxxx.xxx

以上、よろしくお願いいたします。

文書の構成

- 応募に対するお礼
- 採用試験実施の通知
- 実施要項
  - 日時
  - 場所
  - 持参品
  - 担当者 など

要点 POINT

- 日時、場所などの要項は、誤りがないように送信前に十分確認します。

- メールアドレスのみでなく電話など複数の連絡手段を用意して明記します。

◎ 通知 — 電話番号変更の通知

社外メール

件名：電話番号変更のご通知

（株）ブンレイ
営業部　山田です。
お世話になっております。

このたび弊社では
下記のとおりに電話番号を
変更することになりました。

お手数ですが、お手元の控えをご訂正くださるよう
お願い申しあげます。

記 -----------------------------------
■ 新　番　号　：00-0000-0000
■ 使用開始日時：●月●日●時

※旧番号（00-0000-0000）は、
　●月●日●時で使用できなくなります。

以上、よろしくお願いいたします。

文書の構成

◯ 変更の通知
◯ 変更内容
　・新番号
　・使用開始日

要点　POINT

- 肝心なことを正確に伝えるために、要点だけを簡潔に伝えます。

- 新しい番号がいつから使用でき、古い番号がいつから使用できなくなるのか、正確に明示します。

メールにしづらい文書

◎ 休職届

社内文書

休職届

平成●年●月●日

●●部長　●●●●　殿

●●部
山田太郎　㊞

このたび、下記の事由により、休職いたしたく
お願い申しあげます。

記

1　事　由　　入院加療のため
2　期　間　　平成●年●月●日～●月●日
3　添　付　　医師診断書1通
4　連絡先　　●●病院　　住所・電話
　　　　　　　自宅　　　住所・電話

以上

文書の構成

- **休職のお願い**
- **届出事項**
  - ・事由
  - ・期間
  - ・添付書類 など

概要　OUTLINE

休職届（願）は、一定期間会社を休職する場合に、その期間と理由を示して願い出るものです。
記載事項が決められたフォームを用意している会社もあります。

要点　POINT

- 休職の期間、理由を示し、必要に応じて休職中の連絡先、診断書などの書類を添付します。

- お願いする姿勢で書きます。

◎ 始末書

社内文書

始末書

(日付・宛名・署名 ※左ページ参照)

　平成●年●月●日、作業中のパソコンで重要なデータを誤って消去したため、業務に支障をきたし、会社にご迷惑をおかけしました。誠に申し訳なく、心からお詫び申しあげます。

　対象のデータは、●月から●月までに調査した●●の市場調査の結果で、私の調査メモをもとに作成したものです。

　●月●日、作業用のパソコンでエラーが発生、自動で再起動するなど動作不安定になったため、データを移し替えてディスクをフォーマットすることにいたしました。その際、当該データのコピーが不完全で破損してしまいました。

　データが完全にコピーされたか否かを確認しないまま元のディスクをフォーマットしたため、当該のデータが使用不可能になった次第です。

　元の調査メモより、データを作成しなおすことは可能ですが、時間的損失など多大なご迷惑をおかけする結果となってしまいました。すべては確認を怠った私の責任です。

　今後は、日々のバックアップをかかさず、また確認作業を徹底し、このような不始末のないよう、十分に注意することを固く誓います。

以上

文書の構成

- 不始末の概略とお詫び
- 経緯・事情説明
- あらためてお詫び
- 今後の決意

概要 OUTLINE

個人が会社に対して迷惑・損害をかけた不始末を詫びる文書です。原因を明確にし再発を防止するための抑止力とすることが目的です。原因や経緯の説明が中心の顛末書（理由書）などに比較して、始末書を書くことには、"懲罰"としての意味合いが含まれるのが特徴です。

要点 POINT

- 不始末・事故の発生日、時間、その内容、原因などを簡潔にまとめます。

- 原因や事情を説明する際には、弁解がましくならないように書きます。

メールにしづらい文書

◎ 進退伺い

社内文書

進退伺い

平成●年●月●日に発生しました、当部●●●●の業務上横領事件は、会社に多大な損害をもたらしたのみならず、会社の信用をも傷つけました。

すべて、私の指導監督の不行き届きに起因いたします。深くお詫び申しあげ、職を辞してその責任を負いたいと存じます。

私の進退につきましてご決済いただきたく、ここに辞表を同封のうえご指示をお待ち申しあげます。

以上

平成　年●月

●●●部部長
●●●●● ㊞

●●株式会社
代表取締役社長
●●●●● 殿

要点 POINT

- 原則として縦書きです。

- 責任をとって職を辞することを伝えるのが主題のため、事件・事故の経緯は簡潔にまとめます。

概要 OUTLINE

進退伺いは、職を辞することを申し出て、社長（や上司）に進退を一任し、伺いをたてる文書です。退職届と一緒に提出します。横領や刑事事件など、会社に大きな損害を与えたり名誉を傷つけるような事件・事故を起こしたときに、その責任をとるために書きます。書くのは、通常、役職者など監督責任が問われる人です。

文書の構成

- 過失（事件・事故）の概要
- 原因（自分の監督不行き届き）
- 辞職の申し出
- 進退決済のお願い

◎ 退職届

社内文書

退職届

　　　　　　　　　　　　　　　　私こと

一身上の都合により、来る平成●年●月●日をもって退職いたしたく、ここにお届けいたします。

　　　平成　年●月

　　　　　　　　　　　　　●●部
　　　　　　　　　　　　　●●●●●　㊞

●●株式会社
代表取締役社長　●●●●　殿

要点 POINT

- 原則として縦書きです。
- 理由は具体的に述べる必要はなく、「一身上の都合」とするのが通例です。

概要 OUTLINE

退職時に、退職理由と退職希望日を届け出る文書です。就業規則で決められてなければ、退職希望日の2週間前までに提出する必要があります。

文書の構成

- 退職の申し出
  - 理由
  - 希望日

照会状 — 採用予定人物の照会

社外文書

拝啓　貴社ますますご隆盛のこととお喜び申しあげます。

さて、このたび弊社では中途採用の社員募集を行い、応募者の中の●●●●氏を採用候補の1人といたしました。同氏は、履歴書によりますと、●年●月〜●年●月まで貴社に在籍されております。

つきましては、ご多忙のところ大変恐縮ですが、採用審査の参考といたしたく、下記についてご内報賜りますようお願い申しあげます。

なお、ご回答いただいた内容につきましては、秘密を厳守いたし、貴社にご迷惑をおかけしないことをお約束いたします。

差しつかえのない範囲で結構ですので、よろしくご高配賜わりますようお願い申しあげます。

　　　　　　　　　　　　　　　　　　　　敬具

　　　　　　　　　　記

1　人柄
2　勤務態度と成績
3　退職の理由
4　退職時の給与

　　　　　　　　　　　　　　　　　　　　以上

文書の構成

- 元社員の採用を検討
- 人物照会のお願い
- 秘密厳守の約束
- 照会内容
  - 人柄
  - 勤務態度 など

概要　OUTLINE

照会状は問い合わせをする文書です。商品の発着、支払い条件といった取引関連の照会や、信用や人物などの照会があります。取引関連の照会ではメールも使用されますが（P.58〜）、ここで紹介する人物などの照会は、秘密厳守が原則のため、電話や書状での照会という形がとられます。

要点　POINT

- 依頼状のつもりで丁寧にお願いします。
- 問い合わせる内容について、その目的と理由を明確に示します。
- 秘密厳守、相手に迷惑をかけないことをとくに強調します。

◎ 詫び状 ― 内定辞退の詫び状

社外文書

拝啓　貴社ますますご繁栄のこととお喜び申しあげます。

このたびは、就職の内定をいただき、誠にありがとうございました。

誠に勝手なお願いなのですが、本日は、内定を辞退させていただきたく、ご連絡いたしました。

御社で仕事をさせていただけることを楽しみにしていたのですが、実は家庭の事情で地元に就職せざるを得なくなった次第です。

一旦内定をいただきながら、辞退申しあげることは大変心苦しく、申し訳なく思っております。

就職活動中は御社の皆様に大変お世話になり、心から感謝しております。

どうかご容赦いただきたくお願い申しあげます。

皆様のご健康とご発展を心からお祈りしております。

敬具

文書の構成

- 内定のお礼
- 内定辞退のお願い
- 内定辞退のお詫び

概要　OUTLINE

この場合は、断り状とも詫び状とも言える文書です。自分が希望して得た内定を断るため、内定辞退を表明すると同時に、丁重にお詫びの気持ちを伝える必要があります。
就職・採用活動ではメールでの連絡も多くなってきましたが、緊急の場合をのぞき、こうした礼を尽くす必要のある場面では書状での連絡が欠かせません。

要点　POINT

- 辞退の理由は、あたりさわりのない表現で構いませんが、苦し紛れの嘘はつかないようにします。

メールにしづらい文書

◎依頼状 ― 融資（借金）の依頼

社外文書

拝啓　貴社ますますご隆栄のこととお喜び申しあげます。平素はひとかたならぬご愛顧を賜わり、厚くお礼申しあげます。

　さて、突然のことで失礼とは存じますが、本日は平素のご厚情におすがりして、折り入ってのお願いを申しあげる次第です。

　実は、つい先頃、緊急の大口注文を受け、急きょ資金が必要となりました。ご承知かとは存じますが、折からの●●の高騰で材料費がはね上がり、一時的に資金繰りに苦慮しております。銀行に融資の申込みもしておりますが、急な話のためか、まだ返答がございません。

　弊社にとっては、はずすことのできない取引であり、ぶしつけであることは重々承知しておりますが、このうえは貴社におすがりするほかはなく、お願い申しあげる次第です。ぜひとも金●●円ご融資いただきたく、伏してお願いいたします。納品後入金される●月●日には、必ずご返済いたします。

　なにとぞ、事情をご賢察のうえ、よろしくご高配のほどお願い申しあげます。なお、近日中におうかがいし、改めてお願いいたす所存でございます。

　まずは、略儀ながら書面にてお願い申しあげます。

敬具

文書の構成

- 前置き（折り入ってのお願い）
- 融資のお願い
- 融資が必要な理由
- 額・返済の予定
- あらためてお願い

概要　OUTLINE

依頼状には、見積りなどの取引上の依頼から、相手の好意にすがる保証や紹介、金策の依頼などがあります。取引上の依頼では、メールの使用（P.70～）も増えています。一方、借金や保証の依頼など、より礼をつくすことが必要な依頼には、書状がより効果的だと言えます。

要点　POINT

- 依頼内容が明確にわかるように書きます。
- 借金の場合は、その理由と期限などの返済方法についてはっきり示します。
- 相手に納得してもらえるように、事情を整然と説明し、終始丁重にお願いします。

◎ 依頼状 — 支払日延期の依頼

社外文書

拝啓　貴社ますますご隆栄のこととお喜び申しあげます。平素はひとかたならぬご愛顧を賜わり、厚くお礼申しあげます。

　さて、●月●日にお支払い予定の●●●の代金について、誠に申しあげにくいのですが、●月●日までご猶予をいただきたく、お願い申しあげます。

　実は、予定しておりました大口取引先からの入金が手違いで遅れてしまい、資金繰りに苦慮している状態でございます。

　弊社からの納品は完了しており、先方からは●月●日には間違いなく入金するとの確約を得ております。

　誠に勝手なお願いではございますが、今回に限り格段のご配慮をいただき、●月●日までご猶予いただけますよう、伏してお願い申しあげます。

　略儀ながら書中にてお願い申しあげます。

敬具

文書の構成

- 延期のお願い
- 事情（支払い延期の理由）
- 支払いの目処
- あらためてお願い

概要　OUTLINE

前ページ（P.212）を参照。

要点　POINT

- 延期の理由と支払いの目処について、相手が納得いくように明確に説明します。

- 無理な依頼をしていることを前提に、終始丁重にお願いします。

メールにしづらい文書

◎ 見舞い状 ― 病気見舞い

社外文書

前略　本日、●●様がご病気のため入院された由承り、大変驚いております。
　その後ご病状はいかがでしょうか。とても心配です。心からお見舞い申しあげます。

　ご多忙の御身で、気がかりなことも多いかと存じますが、どうか無理をなさらずに、十分にご加療のうえ一日も早くご全快なさいますよう、心からお祈り申しあげます。
　すぐにでもお見舞いにうかがうべきところではございますが、かえってご迷惑かと存じ、とり急ぎ書面にてお見舞い申しあげます。　　　　　草々

文書の構成

- 入院の報に対する驚き
- お見舞いの言葉
- 十分な安静を勧める
- 全快を祈念

概要　OUTLINE

見舞い状には、病気見舞い、地震・台風や火事による災害見舞い、暑中・寒中といった時候見舞いの3種があげられます。
(次ページにつづく)

要点　POINT

- 「倒れる」「枯れる」「死」「苦」などの忌み言葉や相手を不安にさせるような表現は絶対に避けます。
- 文面は長々とならないように簡潔にまとめます。
- 相手を心配する気持ち、励ます気持ちを率直に表現します。

見舞い状 — 火事見舞い

社外文書

急啓　このたびは思わぬ近火の被害に遭われたとのこと、大変驚いております。まったく不慮のご災難と申すほかなく、心からお見舞い申しあげます。

　社員の方々にはおけがはなかったでしょうか。皆様のご心痛いかばかりかとお察しいたします。

　すぐにでもかけつけたいところですが、お取り込み中かえってご迷惑かと存じ、控えさせていただきます。

　私どもでお役に立つことがございましたら、どうかご遠慮なくお申しつけください。ご連絡をお待ちしております。

　今後、事後処理等大変かと存じますが、一日も早く復旧されますことを心から祈っております。

　とり急ぎお見舞いまで。　　　　　　　　　　不一

文書の構成

- ◯ 事故の報に対する驚き
- ◯ お見舞いの言葉
- ◯ 支援の申し出
- ◯ 復旧を祈念

概要　OUTLINE

（前ページからのつづき）遠方の人を見舞うのにメールを使用することも増えていますが、病気やけがで入院している場合や、災害が深刻な状況などでは、やはり手紙による見舞い状が重要な役割を果たします。

要点　POINT

- 時候の挨拶などの前文を省き、報を聞いてとり急ぎ書いている姿勢を示します。
- 力になりたい気持ち、励ましたい思い、復旧を願う気持ちをストレートに表現します。
- 急用の場合、頭語／結語には「急啓／不一」などを使用します。

ものの言い方［文例］辞典　215

メールにしづらい文書

◎弔慰状（お悔やみ状）

社外文書

貴社社長●●●様のご逝去の由承り　社員一同誠に驚愕いたしました　謹んで哀悼の意を表するとともにご冥福をお祈り申しあげます

●●●様ご生前中は　●年の長きにわたりひとかたならぬご厚情を賜り　今さらながら感謝の念を禁じ得ません　何らお報い申しあげられず　誠に申し訳なく残念至極に存じます

社員の皆様の心中察するに余りありますが　どうか悲しみを乗り越えられ　故人のご意志を継承され　社業に励まれますことをお祈り申しあげます

さっそくお悔やみに参上すべきところ　なにぶんにも遠隔地でございますゆえ　不本意ながら書中をもって謹んでご冥福をお祈り申しあげます

なお　心ばかりのご香料を同封いたしましたので御霊前にお供えくださいますようお願い申しあげます

平成　年　月

●●株式会社
専務取締役　●●●●●様

●●株式会社
代表取締役社長　●●●●

要点　POINT

- 縦書きで直筆で書きます（筆で薄墨を使うとより丁寧）。
- 「急啓」「前略」などを含め前文は不要です。本文から入ります。
- 句読点は原則として省きます。
- 「またまた」「たびたび」「返す返す」「それぞれ」などの畳語や、「重ねて」「再び」などの不幸の再発を連想させる言葉は絶対に使わないように気をつけます。

概要　OUTLINE

弔慰状（お悔やみ状）は、故人をとむらい、遺族や関係者の悲嘆を慰め励ますために出す文書です。何らかの事情でお通夜、告別式に参列できない時に、香典とともに送ります。

メールには変えられないもので、他の社交儀礼文書に比べても細心の注意を払って書く必要があります。

文書の構成

- 悲報に接した驚き
- お悔やみの言葉
- 故人の功績と失った悲しみ
- 関係者を激励
- 会葬できない理由とお詫び
- 香典のお供えをお願い

◎ 会葬礼状

社外文書

謹啓　弊社常務取締役　●●●●社葬に際しましては ご多忙中にもかかわらずご会葬賜り　誠にありがとう ございました　また　ご丁寧なるご弔慰を賜り　ご芳 志のほど心から厚くお礼申しあげます

取り込み中のこととて失礼申しあげた点も多々あるこ とと存じますが　なにとぞご寛容のほどお願い申しあ げます

さっそく拝趨のうえ　お礼申しあげるべきところ　略 儀ながら書中をもってごあいさつ申しあげます

敬白

平成　年●月

●●株式会社
代表取締役社長　●●●●

要点 POINT

- 原則として縦書きです。
- ほとんどが決まり文句で構成されます。
- 葬儀当日にあり得た不手際について詫びておきます。

概要 OUTLINE

会葬礼状は、葬式への参列のお礼を述べる文書。喪主が会葬者一人一人に直接挨拶する代わりに、書面で挨拶するものです。これは社葬の場合の文例です。

文書の構成

- ○ 会葬・弔辞等のお礼
- ○ 葬儀当日の不手際のお詫び
- ○ 結びの挨拶

ものの言い方[文例]辞典

ビジネスメール ものの言い方 [文例]辞典 索引

あ行

- 遭(う) ... 182、215
- 愛顧 ... 15、41、55、57、145、153、192、193、212、213
- 挨拶 ... 112、132、134、136、138、140、142、144、146、148
- 挨拶文 ... 186
- 相次ぎ ... 43
- 哀悼 ... 216
- あいにく ... 40、96、99
- 愛用 ... 15、75
- あしからず ... 41、97、104、135、156
- 宛先 ... 184
- 後処理 ... 37
- 案じ(る) ... 179
- 安堵 ... 183
- 案内 ... 110、143、148、158、160、162、164、166、196
- 安否 ... 180、194
- 行き違い ... 54、63、68、179
- 意見 ... 109
- 維持 ... 100、152
- 異常 ... 118
- 異存 ... 88
- いたしかたない ... 93
- いたしかね(る) ... 102、176
- いたらぬ ... 141
- 一丸 ... 29
- 一同 ... 16、147、148
- 一律 ... 100
- 一流 ... 133
- 一環 ... 76、105
- いっこうに ... 175
- 一刻 ... 29
- 一新 ... 73
- 一身上の都合 ... 138、141、209
- 一杯 ... 145
- 移転 ... 146、147
- 異動 ... 140
- イベント ... 58
- 意欲的 ... 133
- 依頼 ... 18、68、70、72、74、76、78、80、82、84、94、98、100、102、106、200
- 依頼状 ... 212、213
- 伺い書 ... 203
- 浮き彫り ... 83
- 承(る) ... 55、86、141、214、216
- 受け取(る) ... 18
- 有無 ... 163
- 売り上げ ... 113
- 売れ行き ... 49、61
- 運搬 ... 52
- 英気 ... 160
- 営業 ... 76
- 栄転 ... 122、123
- 閲覧 ... 111
- 円滑 ... 77
- 延期 ... 56、84、213
- 円満退社 ... 138、141
- 遠慮 ... 51、121、123、180、215
- お祝い ... 120、122、124、126、128、130
- 押印 ... 155
- 応対 ... 44
- 応募 ... 154、156
- 仰せつか(る) ... 24
- おかげ ... 30、133、147
- おかげさま ... 18、21、26、30、32、112
- お悔やみ状 ... 216
- お知らせ ... 56、96、108、114、116、118、144、146、148、150、152、154、156、158、196、197
- 恐らく ... 169、171
- 恐れ入(る) ... 20、51、54、57、60、90、178
- 驚き入(る) ... 181、183
- 折 ... 21
- 折り入って ... 212
- 折り返し ... 62、66、117、174
- お礼 ... 14、16、18、20、22、24、26、28、30、32
- 卸価格 ... 70
- お詫び ... 34、36、38、40、42、44、46、84、85、96、98、100
- 御地 ... 181

か行

- 会議 ... 196
- 開業 ... 124、142
- 開催 ... 78、95、158、162
- 開設 ... 123、126
- 改善 ... 57
- 会葬礼状 ... 217
- 開店 ... 124、142
- 回答 ... 92、175、176
- 回復 ... 182
- 概要 ... 71、78
- 改良 ... 32、75
- かえって ... 27
- 価格維持 ... 152
- 価格改定 ... 152
- 各位 ... 184、194
- 確信 ... 124
- 拡大 ... 67、147
- 格段 ... 192、213
- 拡張 ... 67
- 確認 ... 47、86、116、168、170、172
- 格別 ... 192
- 各方面 ... 93、102
- かけつけ(る) ... 181
- 陰ながら ... 42
- 火事 ... 215
- 貸し出し ... 18
- 数不足 ... 168
- 語り口 ... 22
- カタログ ... 50、66、70、72、110
- 画期的 ... 21
- ガッツ ... 167
- 勝手ながら ... 121、123、150
- 活動 ... 32
- 活躍 ... 42、43、80、120、122、129、155、165、194
- 稼働 ... 85
- 門出 ... 165
- かね(る) ... 84、101、102
- かねてから ... 43
- 加療 ... 183、206、214
- 歓迎会 ... 166
- 感激 ... 23、27、33、125
- 幹事 ... 160
- 感謝 ... 113、132、133、145、147、161、165、216
- 感謝にたえ(ない) ... 32、105
- 感想 ... 109
- 感度 ... 79
- 頑張る ... 143
- 感服 ... 125、126、129、130、131
- 簡便 ... 17
- 寛容 ... 217
- 管理 ... 38
- 貴意 ... 156
- 貴意に添いかねる ... 156
- 起因 ... 208

機会	130、147、159
貴兄	194
寄稿	83
記載	47、65、75、115、171
議事	202
期日	18、178、179
技術	142
議事録	202
貴信	50、93
期待	101、107、124、126、128、130、147、155、157
議題	196、202
貴着	109
貴重	75
貴殿	194
寄付	32
規模縮小	105
キャンセル	175
急きょ	63
急啓	215
吸収	152
休職届	206
休心	26
急速	159
業界	129
驚愕	39、45、216
協賛	78
教示	192
恐縮	21、27、29、36、47、48、51、53、54、67、80、81、82、83、101、163
業務	138、139、142、147
業務依頼	200
業務提案	201
協力	74、152、193
玉稿	83
極めて	178
近火	215
緊急	151
禁じ得(ない)	216
近日中	140
緊張感	133
空前	79
具現化	23
口コミ	111
繰り合わせ	159
苦慮	212、213
クレーム	50
くれぐれも	20、92
経緯	185

経営合理化	105
経過	182
慶賀	194
敬具	210、211、212、213
経験	128、155
経済	129
形状	64
恵贈	21
軽妙	22
契約	16
経理	47
激化	25
激励	31
決意	32、148
欠陥	172
結構	59
決済	208
欠席	42
決定	152
結論	102
権威	83
原因	34
見学	76
健康	26、121、123、125
原稿	82
現行価格	100
原材料	100、152
賢察	49、54、84、98、100、102、104、156、157、212
原資	32
厳守	92
検収	34、36、37、38、39
研修	76、167
厳重	44
健勝	31、113、133、139、194
健闘	156
検討	50、69、72、78、90、97、101、106、110、156
検品	38、53、64、118
堅牢性	57
厚意	21、33
講演	94
講演会	158
交換	50
厚誼	193
高誼	193
抗議	54、168、170、172、174、176、178
貢献	165
広告	78

口座	46、115、116
講師	22、80
公私にわたり	138
講習会	80、158
厚情	17、138、192、193、212、216
向上	148
工場	76
幸甚	113、123
交代	141
好調	113、147
交通事故	182
工程	84
高騰	152
購入	72、173
後任	137
高配	33、115、122、141、192、193、212
好評	23、61
高評	163
高覧	163
合理化	153
恒例	160
講話	80
顧客開拓	123
心地よい	133
心苦しい	84
心遣い	20、25、27、29、43、45、47、49、137、192
心にしみ(る)	28、31
心ばかり	121、123、125、127、129、131、216
心ひかれる	59
ご逝去	216
こと	25、135
ことわり	187
断る	96、98、100、102、104
今後の支援	193
懇情	159、192、193
懇篤	25
混沌	25
困難	152
梱包	52、53
困惑	169、171、173、174、175、176、177、178

さ行

差異	101
再開	28
災害	28

さ行 つづき

在勤中	122
在庫	60、86、97
在職中	143
在籍	210
催促	35、47、175、178
最大限	38
最適	77、122
災難	215
採用	154、159
採用試験	154、204
幸い	35、37、39、52、58、60、76、112、121、123、125、127、129、131、161
幸いにも	92、182
先行き	129
作業内容	98
削減	153
査収	108、110、157
さっそく	18、28、62、64、92、106
雑談	191
殺到	41
参会	160
参加報告	199
参上	121、123
斬新	15、43、75、163
賛同	32
残念	97、157、173
自愛	18、155
仕入	71
支援	20、31、112、134、137、139、144、147、149、192、193
しかしながら	55、104、153
時宜	124、127
至急	38、39、60、62、64、168、170、174、178
事業	126
事故	28
至極	216
自己紹介	185
仕事	98
指示	84
支障	102、178、207
事情	45、49、54、84、98、100、102、104、156、157、174、212
自助努力	152
地震	180
次第	21、34、36、77、78、82、83、84、98、101、147、152、178、212
辞退	98、105
実施	74
実績	121、123
失態	44
執筆	82
質問	108、154、160
失礼	29、37、81、133
指摘	45、50、135
支店	123、126
支店長	122
指導	25、30、44、80、132、133、135、136、139、140、142、192、193、200
指導的	82
品切れ	40、60、96
品違い	36、64、170
支払い	46、114、178
支払日	213
自負	17
始末書	207
事務所	126、146
事務処理	178
締切	82
締めの挨拶文	188
社員	44
社員研修	150
社員募集	154
社業	24、135、148
若輩	25
釈明	50
社葬	217
借金	212
社内連絡	196、197
邪魔	121、123
社名変更	148
就職	95、132、159
周知徹底	37、45、47
就任	24、120、122
襲来	29
従来	28
祝詞	24
主旨	32
趣旨	78
受賞	130
受諾	86、88、90、92、94
受注	34
出荷	56
出欠	160
出席	158、164、166
出張報告	198
受領	18、118
受領書	119
手腕	121、126
準備	160、165、167、176
仕様	177
照会	58、60、62
照会状	210
使用感	74
照合	119
詳細	70、82、110
上司	44
常識	163
上昇	153
昇進	120
精進	120、125
招待	42
承諾	22、88、90
承知	50、101、153、212
情熱	129
笑納	43、112、121、123、125、127、129、131
承服	176
所感	198、199
職務	134
諸経費	100、153
諸事情	152
書状	143、148
所属	185
所存	25、35、45、138、142、143、147、149、212
諸手続き	47、154
諸般	56
助力	192
書類	157
資料	18、70、98、110
しるし	112、121、123、125、129、131
辞令	134
心機一転	138
人件費	100
深刻	28
審査	154
人事異動	151
深謝	192
浸水	28
申請	203
甚大	180

進退伺い … 208	前略 … 214	多忙 … 31、59、62、76、119、123、214、217
診断書 … 206	全力を尽く（す） … 88、133、138	賜物 … 21、120
慎重 … 154、156	添いかねる … 156	多用 … 80、82、158
心痛 … 215	相違 … 118	段 … 194
進展 … 126、149	早急 … 63、172	担当者 … 67、140
新任者 … 141	送金 … 46、116、179	断念 … 42
新任地 … 122、134、135	造詣 … 81	遅延 … 46、56、92、174
親睦 … 161、167	壮健 … 194	力添え … 21、23、32、136、145、147、149、161、163、169、171、173、175、180、192、193
信用 … 103、208	送信者 … 185	
尽力 … 93、102、130	草々 … 214	
推察 … 91、129	相談 … 49、85	
数量 … 118、168	送付 … 18、38、62、70、72、106、110、112、114	力を尽く（す） … 30
数量不足 … 168		着任 … 24
末長く … 16、88	送別会 … 30、164	着荷 … 118、168、170、172
筋 … 177	創立記念日 … 128	注意 … 34、36、38、44、46
すみやかに … 18	即座 … 19	中元 … 20、112
誠意 … 177	足労 … 155	衷心 … 192、193
精一杯 … 100	粗品 … 74、112	注文 … 14、34、38、40、62、64、68、84、86、93、96、99、100、108、169、170、172、174、176
清栄 … 194	措置 … 54	
成果 … 33、126、128、129	卒業 … 94、133	
盛会 … 42	存（ず） … 46、56、66、70、75、80、93、101、107、120、131、141、152、169、212、216	
請求書 … 114、178		弔慰 … 217
盛況 … 78		弔慰状 … 216
生産量 … 104		調査 … 37、47
清祥 … 194	**た行**	頂戴 … 21、33、35、37、39、53、135
誠心誠意 … 45	退院 … 26	追記 … 191
盛大 … 30、79	対応 … 19	痛感 … 24、27
清適 … 194	大過 … 112	通知 … 62、116、150、152、154、156、197、204、205
製品発表会 … 162	耐久性 … 73	
歳暮 … 20、112	代金 … 178	つきましては … 66、70、114、155、162、164、176
静養 … 182、183	大慶 … 194	
責任 … 24	大事 … 180	都合 … 80、82、200
せっかく … 99、104	退社 … 136、138	謹んで … 82、83、94
接客 … 44	大賞 … 130	提案書 … 201
積極的 … 147	退職届 … 209	提供 … 88
説得力 … 19	代替 … 39	提示 … 88
切に … 102、193	代替品 … 52、63、172	丁重 … 28
設立 … 124、142	態度 … 44	テーマ … 94
セミナー … 22	台風 … 28、180	手懸け（る） … 142
世話 … 143	大役 … 24	的確 … 133、135
全快 … 214	代理 … 43	適用 … 152
選考 … 157	多幸 … 194	手数 … 19、35、37、39、59、62、71、73、119、163
善後策 … 54	他事 … 26	
善処 … 103	多祥 … 194	手違い … 37、46、64、169、171、179、213
善処法 … 171、173	携わる … 139	
専心 … 149	尋ね（る） … 58、61、63、65、71	手続き … 34
選択眼 … 17、75	多々ある … 143	手配 … 34、37、39、60、63、193
前任者 … 140	多大なる … 139、144	天気 … 31
先般 … 143、192	宅急便 … 19、109	転勤 … 30、134
前文 … 184、186		天災 … 28、180
		転職 … 138

ものの言い方［文例］辞典　221

た行 つづき

- 転任 ... 122、164
- 転売 ... 177
- 添付 ... 106
- 展望 ... 21
- 電話番号 ... 146、205
- 問い合わせ ... 58、60、62、64、66、68、87、108、110、169、171、173、175
- 倒壊 ... 29
- 当該 ... 41、68、171、173
- 同慶 ... 127
- 同梱 ... 35、55、171
- 到着 ... 19、62、64、108、174
- とうに ... 179
- 当方 ... 119
- 登録 ... 74
- 特集 ... 82
- 特性 ... 50
- 独創的 ... 71
- 独特 ... 22
- 独立 ... 124、142
- 年の暮れ ... 113
- 年の瀬 ... 112
- 突然 ... 81、83、137、144、176
- 取扱 ... 66、70
- 取り消し ... 176
- 取りはからい ... 111
- 取引 ... 66、88、104、212
- 取引条件 ... 66
- 努力 ... 19、24、25、69、91、107、128、129、132、134、147、149、152

な行

- 内定 ... 154
- 内定辞退 ... 211
- 情け深い ... 31
- 情け容赦 ... 31
- 捺印 ... 119
- なにぶん ... 25、84
- 難航 ... 157
- 何ら ... 88
- 荷造り ... 38、52
- 入院 ... 26、206
- 入荷 ... 40、60、96
- 入金確認 ... 117
- 入社 ... 132、166
- 人気 ... 109
- 値上げ ... 152
- 願ってもない ... 88
- ねぎら（う） ... 160
- 熱意 ... 130
- 値引き ... 90、100
- 念入り ... 52
- 念願 ... 125
- 年末 ... 112
- 納期 ... 14、34、48、60、84、92、98、169、174
- 納期延期 ... 92、102
- 納期厳守 ... 102
- 納期遅延 ... 34、174
- 納入 ... 92
- 納入商品 ... 168、170、172
- 納品 ... 54、62、72、102、169、171、173、174、177、213
- 納品書 ... 65、119、171
- 納品遅延 ... 48

は行

- 把握 ... 159
- 倍旧 ... 139、193
- 廃業 ... 144
- 拝啓 ... 210、211、212、213
- 拝見 ... 19、50、59、65、66、70、92、98
- 拝察 ... 31、122、128、133、194
- 拝受 ... 93、103
- 拝承 ... 91
- 拝趨 ... 217
- 配属 ... 132、133、167
- バイタリティ ... 125
- 配慮 ... 19、103、118、193、213
- 励まし ... 133
- 運び ... 145、163
- 破損 ... 52、118、172
- 破竹の勢い ... 129
- 発揮 ... 122
- 発送 ... 34、36、85、86、108、118
- 発注 ... 119
- 発展 ... 24、124、125、126、127、128、129、135
- 発売 ... 56、162
- 発表会 ... 162
- はるかに ... 157
- 繁栄 ... 194
- 反映 ... 75
- 万障 ... 159
- 反省 ... 38、44
- 万全 ... 35
- 判明 ... 46、52、54、168、170、172
- 汎用性 ... 73
- 被害 ... 28、180、215
- 控え ... 169
- 引き受け（る） ... 23、83、95、98、101
- 引き取り ... 65、176
- 日頃の感謝 ... 192
- 非才微力 ... 139
- ひたすら ... 181
- 筆記試験 ... 157
- 必要事項 ... 155
- ひとえに ... 112、120、147
- ひとしお ... 131
- 批判 ... 75
- 飛躍 ... 124、125、126、130
- 評価 ... 111
- 病気 ... 214
- 病状 ... 214
- 評判 ... 81
- 微力 ... 95、135、181
- 微力非才 ... 25
- 比類なき ... 129
- 非礼 ... 44
- 品質 ... 74、101
- 不一 ... 215
- 不可能 ... 177
- 不完全 ... 52
- 不屈 ... 131
- 不幸中の幸い ... 183
- 不在 ... 55
- 不採用 ... 156
- 節 ... 123
- 無事 ... 29、118、137
- ぶしつけ ... 69、212
- 伏して ... 85、113、193、212、213
- 不始末 ... 38、44、207
- 節目 ... 25
- 不十分 ... 38
- 不足分 ... 168
- 負担 ... 90
- 部長 ... 120
- 復帰 ... 26
- 復旧 ... 215
- 復興 ... 29、180
- 不手際 ... 34、35、36、37、44、46
- 不透明感 ... 129
- 不本意 ... 152、216
- 不満 ... 68、106

不明	14、16、68、87、106、108、110、162	
不行き届き	44、208	
振り込み	115	
振込先	47	
不慮	215	
不良品	38、51	
ふるって	160	
粉骨砕身	129	
平素	192、212	
閉店	144	
別送	112	
別便	121、123、125、127、129、131	
弁解	36、44、46	
返却	18	
勉強	135	
変更	140	
返事	68	
返事の依頼	189	
返送	155	
鞭撻	24、25、31、44、132、135、136、139、140、193	
返品	54	
弁明	48、50、52、54、56	
報告	18、138、198、199	
報告書	198	
芳情	192	
報道	180	
忘年会	160	
訪問	142	
ほかならぬ	90	
保管	65	
母校	32、94	
細々	89	

ま行

末文	188、190
ままならず	134
万一	179
見送(る)	104
右も左もわからない	133
見込み	40
未熟	142
未着	62
見積り	68、72、98、106
見積書	72、106
未定	56、136
身に余る	192
未納	178

見舞い	26、28、180、182、214、215
見舞い状	214、215
旨	92
無理	153
明確化	149
明記	178
冥福	216
迷惑	35、39、47、49、53、93、141、151、171、173、207、210、214、215
面接	155、157
面倒	149
申し入れ	92、102、104
申し越し	93、101
申しつけ	68、106
申し出	88、90、92、104
申し開き	44
催す	161

や行

役職	120
躍進	126、128、194
やむなき	153
やむを得ず	54
やむを得ない	90、92
有意義	22
有益	81
融資	212
郵送	74、110、114、119、155、157
猶予	85、213
輸送	153
輸入	143
許し	42、44、46、99、133
用件	187
要項	78

容赦	43、68、141、179
要請	90
要望	69、100、107
用命	87、111、141、192
要領	76、175
由	15、55、73、120、123、125、127、129、131、194、214、216
余裕	104

ら行

来社	154
来場	162、163
理解	56、77、79、152
力量	122
留意	26、121、123、125
隆栄	213
隆昌	194
隆盛	194、210
了解	90、92
領収証	117
了承	49、54、56、76、85、92、97、100、102、104、135、149、151、156、157
稟議書	203
臨時休業	150
連絡	106、108、110、112、114、116、118
労	160
露出	79

わ行

若人	167
わずか	23、112、160
話題	111
私こと	25、135
詫び状	211
～を得ない	42、56

本書の執筆にあたって、以下の書籍を参考にさせていただきました。
「説得できる文章・表現200の鉄則」(永山嘉昭・雨宮拓・黒田聡 共著／日経BP社出版局)、「安田式 ビジネス文書の書き方」(安田賀計 著／PHP研究所)、「さすがと言わせる文書の書き方」(日東書院編集部 編／日東書院)、「さすが!と言われるビジネスマナー」(安田賀計 著／PHP研究所)、「人に聞けない文書の書き方」(田中四郎 著／永岡書店)、「正しい日本語事典」(小山元明 監修／大創産業)、「Eメール・履歴書・エントリーシート成功実例集」(細田咲江・上田正美／高橋書店)、その他多数のビジネス文書の文例集。

シーズ [プロフィール]

http://www.cis-z.co.jp/

旅行・就職・語学・金融・ビジネス・デザイン・インターネット……、編者・著者として種種雑多な本づくりに携わり、最適な言葉を常に求めて幾星霜――。
著書に「ビジネスメール ものの言い方辞典」「Web配色辞典(Webセーフカラー編／フルカラー編)」(ともに技術評論社刊)、Web Designer's Handbook Series (MdN刊)、「eビジネスの死角」(廣済堂出版刊)、編書に「いま！日本語ボランティア(東京／山形)」(凡人社刊)など。

カバーデザイン	◆釣巻デザイン室
カバーイラスト	◆梅田 憲司
本文デザイン	◆アイル企画
DTP	◆シーズ
担当	◆佐藤民子

相手に合わせた文章が選べる
ビジネスメール ものの言い方[文例]辞典

平成17年 7月25日　初版　第1刷発行
平成18年 7月 1日　初版　第2刷発行

著　者　シーズ
発行者　片岡　巌
発行所　株式会社技術評論社
　　　　東京都品川区上大崎3-1-1
　　　　電話　03-5745-7800　販売促進部
　　　　　　　03-5745-7830　書籍編集部
印刷／製本　株式会社加藤文明社

定価はカバーに表示してあります。

本書の一部または全部を著作権法の定める範囲を越え、無断で複写、複製、転載、テープ化、ファイルに落とすことを禁じます．

©2005　シーズ

造本には細心の注意を払っておりますが、万一、乱丁(ページの乱れ)や落丁(ページの抜け)がございましたら、小社販売促進部までお送りください。送料小社負担にてお取り替えいたします。

ISBN4-7741-2409-5　C2033
Printed In Japan

■本書へのご意見・ご感想は、ハガキまたは封書にて、以下の住所でお受けしております。電話でのお問い合わせにはお答えいたしかねますので、あらかじめご了承ください。

■問合せ先
〒141-8676
東京都品川区上大崎3-1-1
株式会社　技術評論社
　　　　　書籍編集部
ビジネスメール ものの言い方
[文例] 辞典　感想係

評判の『電脳会議』が インターネットで読める！

『電脳会議』は、最近の電脳界の話題や最新情報を満載した無料の情報誌で、充実した内容が評判を呼んでいます。技術評論社が発行する書籍や雑誌の最新情報もご覧いただけます。

●『電脳会議』の最新情報を受信するための手順

『電脳会議』では最新号公開の案内を電子メールでお送りしています。ご希望の方は以下のホームページにアクセスし、お使いのメールアドレスをご登録ください。
http://dennou.gihyo.co.jp/